スーパーの食材で
フランス家庭料理をつくる

三國シェフの
ベスト・レシピ136

保存版

オテル・ドゥ・ミクニ
三國清三

KADOKAWA

はじめに

　2020年、パンデミックが僕の人生を変えました。レストラン営業がストップして手持ち無沙汰になり、お客さまはステイホーム。今、自分たちができること、役に立てることは何かと考えて始めたのが、フランス家庭料理のYouTube配信でした。それが「オテル・ドゥ・ミクニ　シェフ三國の簡単レシピ」です。週に2回、1日4品収録して、毎日1品ずつ公開。これまでの約1年半で、500品以上！　チャンネル登録者数は20万人超え！　自分でもビックリです。

　僕は若い頃にジュネーヴの大使館で料理人を務め、1日3食×365日の献立をつくる生活を3年8カ月続けてきました。だから、膨大な種類の料理をつくるのはお手のもの。家庭料理やビストロ料理、また三ツ星シェフや帝国ホテル時代の恩師、村上信夫元総料理長から学んだものを、僕のフィルターを通してわかりやすく、簡単にできるレシピで披露することにしました。もちろん材料はスーパーで購入できるものが前提です。

　最初は手探りだったのが、登録者数がぐんぐん伸び、たくさんいただくコメントの反応に刺激されました。僕も欲が出て、ためになっておもしろいことを目指すように。「レストランは敷居が高いと思っていたけど、YouTubeで親しみがわいた」と、食事に来てくださるお客さまも増えて二重の喜びです。

　本書は、そのYouTubeで公開したレシピの中から人気のものを136品厳選。僕の著書のなかで一番簡単でわかりやすい、おすすめの書です。料理初心者でもつくれるようにシンプルにまとめたものがほとんどで、一部にちょっと難しいけれど本格フレンチに触れられるものも掲載。ご家庭で、おいしいフランス料理を楽しむ文化がさらに広がればハッピーです。

オテル・ドゥ・ミクニ
三國清三

三國の料理哲学

料理を楽しくするのが三國流

YouTubeの視聴者のみなさんから、料理をしている僕が「楽しそう」とよく言われます。心掛けているわけではなく、無意識のうちに楽しんでいるんでしょうね。毎日のことだから、楽しめたら最高！　コツは難しく考えないことです。こうしないといけないと四角四面に考えない。僕のモットーは「いいかげん」とよく言うんです。無責任で雑ないいかげんではなく、程度がほどよい「良い加減」を目指すこと。切り方にしても味つけにしても盛りつけにしても、自分の感じる「ほどよさ」に徹すればいいんです。加減とはその人のセンスが表れるところ。良い加減は個性の表現。自分の思うままにやれば料理をつくることは楽しいし、楽しくつくったものはおいしいに決まってます。

自由に発想して自由につくるのがフランス料理

僕がフランスやスイスの名シェフたちから学んだ大切な教えの1つです。「料理は自由に発想し、自由につくるもの」。つくり手の自由で斬新な発想や構成があってこそ料理は進化し、食べ手を感動させられるものになるのです。フランス料理の歴史も、そうした時代ごとの自由な精神を取り込むことによって変化を遂げてきました。ただ、自由とは勝手気ままが許されるものではなく、規律の上に立ったもの。料理も同じです。基礎となる知識と技術をきっちり理解し、身につけた上での自由。フランス料理にトライしようとするみなさんにも、基本の大切さと、そこに束縛されない自由な精神をぜひ取り込んでいただきたいですね。

料理はレシピを超えたところにある

レシピは大事ではあるけど、1つの指標にすぎません。とられすぎると材料が1つないからといってできなくなったり、材料の質が違った時に対処できなくなったりする。それにレシピそのままでは自分らしさがないでしょ。料理って実は自分を表現することでもあるんです。フランスの偉大なシェフ、アラン・シャペルさんはこんな名言を遺しました。「料理とは、レシピを超えた先にあるもの」。料理の上達には、いろいろな店でおいしいものを食べて味を覚え、キッチンに立って数をこなし、失敗をくり返して勘を磨くこと。そこにしか答えはありません。

目次

デザイン ――――― 岡本デザイン室＋志野原遙
撮影 ――――― 日置武晴
スタイリスト ――――― 岩﨑牧子
調理 ――――― 加藤巴里
調理補助 ――――― 三好弥生、岩下銀
編集協力 ――――― 河合寛子
校正 ――――― 夢の本棚社
器協力 ――――― UTUWA (03-6447-0070)
編集 ――――― 草柳友美子

簡単なのに本格的な理由4つ

1.
スーパーの食材でつくる

材料は、身近なスーパーで買えるものが基本。レシピを読んで、近くの店に材料を買いに行ったりネットで注文すれば、そろうものばかりです。家にあるもので代用できる場合は一例をアドバイス。多少味は変わりますが、その違いも楽しんでみるのもいいのではないでしょうか。あるもので気軽につくれることを一番にしています。

●エシャロット→玉ねぎで代用
　エシャロットは炒めるとさわやかな甘味が出ます。レストランでは必須ですが、ご家庭では玉ねぎで十分です。
●コニャック→その他のブランデー、ウイスキー、日本酒でもOK
●ワインビネガー→米酢でもOK
●ディジョンマスタード→和がらしでもOK
●ハーブ→料理によっては種類を変えたり、使わなくてもOK

2.
うま味調味料を使わない

家庭では煮込み料理やスープなどをつくる際、キューブや顆粒のコンソメの素をうま味材料として使うことが多いと思います。しかし、この本では使いません。素材のナチュラルな風味を生かした料理に徹しています。それが本来のフランス料理であり、家庭料理。素材のおいしさを引き出すテクニックをたくさん紹介します。

主に使用する基本調味料
塩、こしょう、酢（ワインビネガー、バルサミコ酢）、ワイン、マスタード、バター、オリーブオイル、ハーブ、にんにく、小麦粉、てんさい糖、みりん

3.
食材を使い切る

フランスは、実は広大な農業国、酪農国で、野菜や肉牛、鶏、乳製品が豊富です。そうした豊かな産物を大事に使う精神もまた、フランスで脈々と受け継がれています。おばあちゃんたちがつくる昔ながらの家庭料理には、まさに材料を無駄なくおいしく使うヒントが詰まっています。本書でもその精神を大事にして、たとえばしいたけの軸も使ったり、本来は卵黄だけを使うパイの塗り卵を全卵で使ったりと、有効な使い方をお見せしています。

これらも捨てずに使います
パセリの茎、かぼちゃの皮、とうもろこしの芯、ほうれん草の根元、卵白、しいたけの軸　ほか

4.
時短テクニック

家庭では手間のかからない短時間調理がなによりです。レストランでは手をかけるところでも、家庭でなら省略したり効率を優先したりが許されることはたくさんあるもの。本書の料理は時短、工程カットで簡単＆シンプルなおいしさを第一に考えています。

●炒め時間を短縮する技
●冷凍パイシートを使う
●オーブンに入れるだけ
●こさないで野菜の食感を楽しむ
●野菜を皮つきで使う　ほか

難易度★1！
本当に簡単なレシピ
ベスト 10

ラクしてごちそうが食べたい人、注目！
簡単であっという間にできるレシピを一挙にご紹介。
忙しい日も、そうでない日も、ぜひお試しください。

・・・・・・・・切って混ぜるだけ！・・・・・・・・

サーモンのタルタル

➡P.86

キャロットラペ

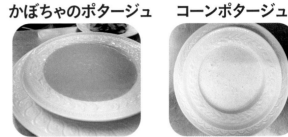

➡P.115

・・・・・・・・材料2つだけ！・・・・・・・・

かぼちゃのポタージュ

➡P.100

コーンポタージュ

➡P.101

あっという間に一品料理！

ガーリックトースト

➡P.126

木箱ごと焼くだけ！

焼きカマンベールの
チーズフォンデュ

➡P.126

切って焼くだけ！

ティアン・ド・レギューム

➡P.116

シンプルなのに豊かな風味！

キャベツとベーコンの水煮

➡P.128

3つのポイントで
コリコリジューシー！

きのこのソテー

➡P.128

3分マリネでできる
簡単おやつ！

いちごとショコラの
グラスデザート

➡P.156

だれでも料理の腕が上がる **12** のポイント

これさえ覚えれば料理上手！ 本書によく出てくるポイントをまとめました。
他のレシピでも使えるテクニックの数々です。

1.
塩は「3回」で決める

塩味は1回で決めようとしてはいけません。多く入れてしまった場合、調整がききませんから。基本は3回。1回めは素材の味を引き出す下味、2回めは味をととのえ、3回めを決めの塩味とします。途中で随時、味見をして確認します。

2.
下味の塩、こしょうは「肉は強め、魚はほどほど」

肉は強火で焼くことが多く、塩、こしょうが剥がれやすいので強めに。魚はもともと海にいるのでほどほどの塩で大丈夫。また色みと味の相性から、白身の肉と魚には白こしょう、赤身の肉と魚には黒こしょうと使い分けます。

3.
フライパンが温まってから焼く

肉や魚を焼く時は、フライパンを温めてから入れて、すぐに表面を焼き固めます。冷たいうちに入れると時間がかかり、必要以上に火が入ってしまいます。中火は手をかざした時にお風呂と同じくらいに感じる温度、強火は煙が多少立つくらいが目安です。

4.
サウンドが大事

プロの料理人は「音」を目安に調理します。たとえばフライパンへ素材を入れた時のジュッという音。その音色、大きさで適温を判断するんです。ベートーヴェンのような快活な音、モーツァルトのようなやさしい音……。適材適所の必要な音を聞き分けて調理をすれば、失敗も少ないです。

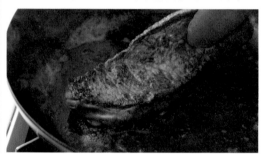

5.
小麦粉はしっかり焼く

小麦粉をまぶして焼いた肉や魚は、粉が焼けることで香ばしさが増し、水分が入る場合はとろみもついて口あたりがよくなります。ルウも同じですが、火入れが中途半端だと粉臭みが残るので、粉気がなくなるまでしっかり火を通します。

6.
にんにくは最初に入れない

にんにくを炒める時は一般に最初に入れて風味を出すことが多いですが、みじん切りの場合は焦げやすいので、僕は途中で入れます。これでも十分香りが生き、火も通ります。

7.
野菜は硬い順に入れる

たくさんの野菜やきのこをフライパンや鍋に入れる時は、硬い順にと覚えましょう。少しの時間差でも火の通り方が違います。

8.
白い料理は焼き色をつけない、茶色い料理は焼き色をつける

たとえばクリームシチューのような白い料理は、材料に濃い焼き色をつけないようにやさしく火を入れ、ビーフシチューのように茶色い料理は肉も野菜もしっかり焼き色をつけます。仕上がりの色により、おいしさの引き出し方が違います。

9.
鍋底の焼き汁はきれいに取って混ぜる

肉や魚を焼いた時に鍋底にできる焦げつきのような焼き汁は、おいしさの素。軽く火を入れた時は薄く、しっかり焼いた時は濃い色がついています。料理の重要な風味になるので、水、出汁、酒、クリーム、野菜などを入れた時は、その水分を利用して、必ずへらなどできれいに取り、汁に加えてください。

10.
酒を入れたらアルコールを飛ばす

お酒を使う時は沸騰させてアルコールを飛ばし、料理に香りをつけます。ブランデーなどアルコール濃度が高い酒を多めに入れた時は「フランベ」と言って火を入れて燃やしますが、炎が上がるので、いったん火を止めて酒を入れ、煮詰める方法でも大丈夫です。

11.
アクも力なり

アクには苦味やえぐみがあるので、基本は取り除きます。しかし、それも個性の1つであり、うま味や油脂分が含まれることも多いため取り過ぎてもいけません。「アクも力なり」と言います。最初の色の濃いアクを取るくらいにして、アク取りは最小限に留めます。

12.
鍋やフライパンの汁は最後の1滴まで捨てない

調理が終わった鍋やフライパン、オーブンの天板などに残った焼き汁や煮汁には、うま味や香りが詰まっています。ゴムベラなどでぬぐって1滴たりとも残さず利用しましょう。

切り方の基本

「押すか、引くか」の2つしかない

包丁は、押すか引くかしないと切れません。我々の人生は苦難に直面すれば「押してダメなら引いてみろ」と言われます！ 包丁もまさに同じ。押すか引くか。切りやすいほうで切ってください。

●押す→ねぎ、なす、ズッキーニ、肉の皮、ベーコン、かぶ　など
●押して引く→りんご、トマト　など
●引く→キャベツのせん切り　など

肉を切る時は「まな板を切る」

塊肉を切るコツは、肉を切ろうと思わないこと。その下にあるまな板を切るイメージでやると難なくきれいに切れます。皮つきの鶏肉の場合は、皮面を下にするとすべらず切りやすくなります。

ハーブはハサミで茎まで切って使う

欧米では魚をおろすのにもハサミを使うなど、包丁よりハサミ文化です。ムラや雑がありながら、それが盛りつけた時にある種の雰囲気をつくります。ハーブなどはハサミで茎までザクザク切れば、形に変化が出て、なにより作業がラクで無駄も出ません。

バターを上手に使うポイント6つ

1. 冷たいものを使う

指定がない場合、「硬く冷たいもの」を使ってください。柔らかくなったバターは火を入れると焦げやすいです。また、水分が分離しやすい状態なので、ムース状の泡、濃度、ツヤも出にくくなります。

2. 小さく切っておく

小さく切っておいたほうが均一に早く溶けます。料理の仕上げやソースに加える時、ソテーの途中で少し加えたい時など、扱いやすくて便利です。

3. 中火で使う

バターは焦げやすいので基本は中火です。フライパンに手をかざして、お風呂に入るくらいの温度になったらバターを入れます。焦げるのが心配なら、適宜バターを追加したり、オリーブオイルを併用してもよいです。

4. 泡が立ったら素早く食材を入れる

バターで焼く時の基本は、溶けて泡（ムース）が立ち始めたら素早く肉や魚を入れて、泡の中で火を入れます。香ばしい、しっとりした仕上がりになります。バターの量を多く使う時は、何回かに分けて入れて泡を持続させます。

5. フライパンをゆすって空気を入れる

クロックムッシュでも、肉でも魚でも、フライパンをゆすって材料を回します。回すとバターに空気が入り、よく泡立って焦げにくくもなります。バターの上手な使い方です。

6. ソースでは仕上げに入れる

バターは仕上げに入れることで、ソースにフレッシュな風味やとろみをつけられます。冷たいバターなら少しずつ溶けていくので、分離せず乳化します。とろみがついたら火を止めてください。

◎レシピはすべて食塩不使用のバターですが、有塩バターを使う時は、味つけに使う塩の量を調整にします。

肉をおいしく焼くコツ

鶏もも肉のソテー
Poulet sauté

最大のポイントは、皮をカリッカリに焼くこと。

鶏や鴨などの鳥類をソテーする時は皮つきがベターです。カリカリの皮は香ばしくておいしいですよね。また、皮は火が通りにくいので、最初にしっかり焼くことで皮が身をガードして、内側の肉をしっとりさせるメリットもあります。

🍖材料（1人前）

鶏もも肉 ………………………… 1枚
塩、白こしょう ………………… 適量
オリーブオイル ………………… 適量

🍖つくり方

1. 皮にフォークで複数穴をあける
　穴をあけることで火が通っても縮みにくくなり、かつ皮が早くカリカリに焼けます。煮込み料理なら、味が染みやすくなります。

2. 両面に塩、こしょうを強めにふる
　強火で焼くと剥がれるので強めにふってください。鶏の場合、基本は白こしょうですが、赤ワイン煮など濃い色の煮込みにする時は黒こしょうを使います。

3. 中火のフライパンでオリーブオイルを熱し、皮のほうから焼く
　中火はフライパンの上に手をかざして「お風呂くらいの温度」。鶏肉を入れた時にパチパチという音がします。これが「焼き色がつきますよ」という合図です。

4. 皮をじっくりカリッカリに焼く
　皮をカリカリに焼くには、じっくり時間をかけて焼くこと。最初はあまり動かさないでじっと待ってください。皮の

面でおおかた火を通すイメージです。皮は脂も持ってますから、こんがり焼けた部分が風味に変わります。これが、うま味調味料がいらない理由です。魚も同様です。
◎スプーンやフライ返しでしっかり押しつけながら焼くと、均一に焼き色がつきます。
◎焦がさないコツは、小まめにフライパンを動かして肉の向きを変えること。

5. 皮が焼けたら裏返して、アロゼしながら焼く
　フライパンを傾けて、底に溜まった油脂を上からかけます。肉から出た脂がじんわり身に染みて早く焼け、非常にジューシーに仕上がるんです。ぜひ真似してください。
◎火が入っているかどうか確かめたい時は、身の厚いところに包丁を入れてみます。
◎フライパンに残った焼き汁がおいしいソースになるので必ずかけましょう。

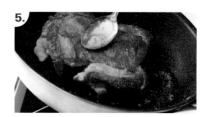

アロゼとは？

「アロゼ」は本書の料理解説に頻繁に出てきます。フランス料理の重要なテクニックの1つで、肉や魚を焼きながら鍋底に溜まる熱い油脂分をかける作業です。ここには材料から出るジュ（焼き汁）や脂などの香りや味が含まれているので、焼きながら上からもかけることでその風味をもどしつつ火を入れていくのです。また、フライパンに接していない上面は乾きやすいので、乾燥を防いでジューシーに仕上げる目的もあり、さらに身の厚い部分や形状が入り組んでいるところを集中的にかければ均一にムラなく焼けます。ガスや電気オーブンが登場するずっと以前、薪で肉を焼いていた時代から続く調理の知恵ですね。

牛ステーキ
Steak

最大のポイントは、先に脂身をしっかり焼くこと。

脂の少ない肉は、ミディアムレアに焼くのが基本です。焼き過ぎると、脂が少ない分パサパサになってしまいます。僕はカリカリに焼いた脂身が大好きなので、最初に脂身をしっかり焼いてから両面の赤身を香ばしく焼きます。

●材料 (1人前)

牛ロース肉 (ステーキ用) ……………… 1枚
塩、黒こしょう …………………… 適量
バター (食塩不使用) …………………… 5g

●つくり方

1. 牛肉の両面に塩、こしょうを強めにふる
鶏肉と同じ。塩やこしょうは焼くと落ちやすいので少し多めにします。

2. 強火でフライパンを熱してから焼く
ステーキ肉は、表面のカリッとした香ばしさと内側のジューシーで柔らかな肉の対比がおいしさのポイント。肉汁が流れないよう表面に壁をつくるように強火で焼きつけます。とくにレアやミディアムレアは、火が入り過ぎないよう短時間で焼くことが大事です。

3. 先に脂身をしっかり焼く
トングかフライパンのへりを利用して、脂身を下にして肉を立てます。時間をかけてじっくり焼いてください。赤身から焼くと全体を焼くのに時間がかかって赤身に火が入り過ぎてしまうし、脂身から先に焼くと香りが出てくるので赤身が風味よく焼けますよ。油脂分が溶け出すまでしっかり火を入れてください。フライパンから多少煙が出ても大丈夫。脂を焼くのが大事です。

4. バターを加えて片面を焼く
赤身を焼く段階でバターを加えます。

5. 片面が焼けたら裏返して、中火でアロゼしながら焼く
焼き方は鶏肉と同じ。フライパンを傾けて、溜まった油脂をかけ続けます。溶けた脂をかけながら焼くと表面が乾かず、上からも火が入って中までしっとり仕上がります。

 3.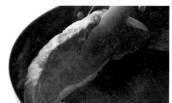

【強火の目安】
●バターとオリーブオイルの併用、
　バターのみを使用
→バターが焦げ始めた瞬間

●バターもオリーブオイルも使わない
→フライパンから煙が出てきた瞬間

さまざまな牛肉の焼き加減

僕が好きなステーキの焼き方は「ミディアムレア」ですが、焼き加減はいろいろあって、それぞれに名前がついています。大きく分けると、英語では生に近いものから<レア、ミディアムレア、ミディアム、ウェルダン>。フランス語でもそれに対応する言葉があり、順に<ブルー、セニャン、ア・ポワン、ビヤン・キュイ>と言います。レアは内側全体が「生」で赤い色がかなり残っていますが、冷たくはなく、熱の伝わった温かい状態。僕の好みのミディアムレアは、もう少し火が入って、中心部分だけが生という状態ですね。

道具について

道具にこだわりはない

使いこなす工夫さえすれば、道具はどんなものでも使えるものです。僕は講習会でも、基本は会場にあるものでまかなっているほど。YouTubeでは100円均一の商品もよく利用しています。

❶ココット2種類

煮込み料理には厚くて重い鋳物ホーロー鍋が適しています。最近愛用しているのは国産の「バーミキュラ」。密閉性が非常に高いので短時間でも柔らかくおいしくできる点が気に入っています。

❷フッ素樹脂加工のフライパン

昔のフライパンは鉄製やアルミ製が中心でしたが、最近は日本はもちろんフランスでもフッ素樹脂加工が重宝されています。こびりついたり焦げついたりがないので、油脂も少なくてすむし、使いやすいですね。

❸包丁は大と小があればOK

料理人は何種類もの包丁を使い分けますが、家庭では大小2本あれば十分に事足ります。硬いもの、大型の素材は大きなサイズの包丁で、野菜やフルーツなど小型で柔らかいものは小さいペティナイフで。

❹スプーン
❻ストウブのマルチスプーン

材料を押さえる、裏返しにする、混ぜる、盛りつけるなどマルチに使えるスプーン。ストウブ社のものはシリコン製で音が立たないのも利点。フライ返しや普通のスプーンで代用してもよいです。

❺ホイッパー

ホイッパーを上手に使うコツは、手首のスナップをきかせてサンバのリズムを刻むこと！ カシャッシャ、カシャッシャとやれば簡単にきれいに立ちます。量が多くて大変な時は迷わずハンドミキサーを使ってくださいね。

❼ミートフォーク

先端が二股になっているので、肉に刺したり押さえたり転がしたり、自由に扱えるのが便利。写真は40年以上もともに働いてきた愛用のミートフォーク。変形してますが、そこがまた使いやすいのです。

❽ハサミ

日本人は器用で包丁使いが上手ですが、調理バサミも案外便利です。海外では魚や肉でさえもハサミで切ったりしますが、ハーブや薬味的なものなどはハサミがラクでおすすめです。

ほかによく登場するもの

●小さなグラタン皿、耐熱容器

オーブン料理が多いのでよく登場します。小さなグラタン皿なら100円均一の店でも購入できますよ。

●ミキサー、フードプロセッサー

なめらかなスープやソースをつくる時には必須です。
◎材料が熱いままミキサーにかけると吹き出します。必ず粗熱を取ってから入れましょう。
◎量がミキサーに一度に入らない時は、数回に分けて撹拌しましょう。
◎一気に最高速度で回すのではなく、初めは短く何回か回して材料をなじませ、混ざってきたら連続で撹拌します。

●イタリア製のアベルト（abert）のテーブルナイフ

切れ味がよく、肉料理を食べるのにおすすめです。

この本の使い方

工程写真
言葉だけでは伝わりにくい工程は、写真でわかりやすく解説しています。

レシピ補足
アレンジ料理のアイデアや、料理の保存方法、上手な食べ方、レストランでの本来の調理方法、上級者向けのアレンジなど、レシピに関するさまざまな追加情報を記載しています。読むことでさらにフランス料理の知識や楽しみが増えます。

材料補足
フランス料理で本来使う食材名、代用品の追加情報、三國シェフおすすめの商品、撮影で実際に使った商品名など、材料についての情報を記載しています。より本格的な味を楽しみたい方はぜひ、記載の食材を手に入れてみてください。

つくり方の◎
三國シェフによるテクニックのポイント、おいしくするポイントを紹介しています。つくり方の手順だけでなく、ここを読むことでさらに料理が上達しますよ。

飲み物のペアリング
YouTube で実際にペアリングした飲み物のほか、新たに紹介する飲み物もたくさんあります。どれもスーパーやネットで買えるお手頃価格のものばかりなのでぜひ料理と一緒にお試しください。

●具体的な商品の情報は、2021 年 11 月現在のものです。
●小さじ 1 = 5ml、大さじ 1=15ml、1 カップ =200ml です。
●オーブンは、機種によって性能が異なるため、温度や時間は目安ととらえてください。
●料理の保存期間は、食材の状態やつくった環境によって異なるため、目安ととらえてください。
●生クリームは、乳脂肪分 40%台のものを使用。
●オリーブオイルはエクストラ・ヴァージンを使用。

人気料理ベスト**10**
10 Plats populaires

コック・オー・ヴァン
Coq au vin

{ 調理時間　30分 }
{ 難易度　★☆☆ }

表面の小麦粉を強めに焼き上げて鶏肉をカリカリにする。

鶏もも肉の皮をパリッと焼いて、野菜と一緒に赤ワインで煮込みます。ワインで有名なブルゴーニュ地方の郷土料理で、今では全土で親しまれています。本来は身の硬い雄鶏を柔らかく煮込んで食べる調理法でしたが、現在は若鶏でつくるのが一般的ですね。飲みきれなかった赤ワインを取っておいて煮込みに使ってください。飲むワインと同じものが使えたらマリアージュはぴったりです。ちょっと大人の味ですが、お祝いの日のメインディッシュにどうぞ。

● 材料（2人前）

鶏もも肉（骨つき）………………………2本
にんじん（輪切り）………………………½本
玉ねぎ（くし形切り）……………………½個
マッシュルーム（大きければ半分に切る）
……………………………………………1パック
にんにく（つぶす）………………………1片
トマトペースト（KAGOME）……小さじ1
タイム………………………………………適量
ローリエ……………………………………1枚
コニャック（なければブランデー、ウイスキー、
　日本酒）…………………………………少々
赤ワイン…………………………… 1¾カップ
小麦粉………………………………………適量
塩、黒こしょう……………………………適量
オリーブオイル………………………大さじ1

＊赤ワインは家庭用の安価なものでいいが、少し高品質のものを使うと料理のクオリティがぐっと上がる。酸味の強すぎないミディアムボディがおすすめ。

＊タイムとローリエの代わりにブーケガルニ（ドライ）でも。

● つくり方

1. 鶏もも肉は余分な脂をはずして、皮に包丁で十字の切り目を入れる。両面に塩、こしょうを強めにふり、小麦粉をまぶす。
2. 中火のフライパンにオリーブオイルを熱し、鶏肉を皮から焼く。皮がカリカリに焼けたら裏返す。全体に焼き色がついたら取り出す。
   ◎鶏肉がカリカリに焼けたらこの料理は成功。
   ◎小麦粉をつけた時はフライパンを熱してから焼くと、香ばしくカリッと焼けます。小麦粉が焦げやすいので気をつけてください。
3. 同じフライパンに、野菜を硬い順に加えながら、そのつどよく炒める。
   ◎鶏肉と同じフライパンで焼くことで、鶏肉から出た風味が野菜にも移りますよ。
4. 2.の鶏肉をもどし、コニャックを加えアルコールを飛ばす。赤ワイン、トマトペースト、タイム、ローリエを加え、ふたをして弱火で15分ほど煮込む。
   ◎焼いた鶏肉から出た汁もおいしいので、必ず一緒に鍋へ。ふたをする前に肉の上に煮汁をかけておくと、できあがりもしっとりとなります。水分が煮詰まってとろっとしたら完成。

ボナペティ～！

1.

皮に十字の切り目を入れると火が通りやすく、肉に味が染みやすくなります。

◎盛りつけは、野菜の上に鶏肉をのせ、煮汁をまわりに垂らし、上にタイムとローリエを飾るとフランス料理っぽくなります。
◎骨つきの鶏肉は手掴みでしゃぶりながら食べてもいいんですよ。マナー違反ではありません。三ツ星レストランでもOK。フィンガーボウルを添えれば、指先をすぐにきれいに洗えます。

ベスト
10

● この料理にはコレ！

赤ワイン　ムーラン・ナ・ヴァン　Moulin-à-Vent
生産者：ピエール・ポネル　Pierre Ponnelle
生産地：フランス、ブルゴーニュ地方

非常に香りが独特です。いちごのような香りも若干します。

シャリアピン・ステーキ
Bifteck à la Chaliapin

{ 調理時間　20分 }
{ 難易度　★★☆ }　※冷蔵庫で漬ける時間は除く

おろし玉ねぎに漬けて
牛肉を柔らかくする。

1934年に帝国ホテルで生まれた
料理です。ロシアのオペラ歌手、
シャリアピン氏が帝国ホテルに
来られた時、歯を患っていましたが
ステーキを召し上がりたいという
ことで考え出されました。それが
大絶賛で、以後、帝国ホテルの
定番料理に。牛肉を玉ねぎに漬けて
柔らかくします。そして炒めた玉ねぎ
をソース代わりにたっぷりかける。
玉ねぎの甘味と苦味に黒こしょうの
アクセントが絶妙です。炊きたての
ご飯やフレンチフライ（P.118）にも
ぴったり。大切なディナーにどうぞ。

●材料（2人前）

牛もも肉（ランプ、ステーキ用）‥‥‥‥‥2枚
玉ねぎ（すりおろし）‥‥‥‥‥‥‥‥1個
玉ねぎ（みじん切り）‥‥‥‥‥‥‥‥1個
バター（食塩不使用）‥‥‥‥‥20g + 10g
サラダ油‥‥‥‥‥‥‥‥‥‥‥大さじ2
塩、黒こしょう‥‥‥‥‥‥‥‥‥‥適量
クレソン（水に浸けておく）‥‥‥‥‥適量

＊豪州産のアンガスビーフを使用。

●つくり方

1. 牛もも肉の両面に塩、こしょうを強めに
   ふる。両面にすりおろした玉ねぎを塗
   って、冷蔵庫で4～5時間漬ける。
   ◎時間がない場合は1時間くらいでも
   構いません。安くて硬い肉なら一晩漬
   けてさらに柔らかくします。
2. 中火のフライパンにバター（20g）を熱
   し、玉ねぎ（みじん切り）をじっくり炒め
   る。途中、塩、こしょうをし、玉ねぎが色
   づいたら取り出す。
   ◎急いで炒めるとうま味が出ません。
   じっくり炒めて玉ねぎの辛みを和ら
   げ、甘味を引き出します。焼き色は、つ
   き始めると一気に広がるので、もし色
   がつきすぎたらすぐに火からおろして
   ください。
3. 同じフライパンにサラダ油を熱し、玉
   ねぎを取り除いた1.の牛もも肉を焼
   く。皿に移す。
   ◎フライパンに玉ねぎのカスなどが残
   っていたら、焦げやすいのでキッチン
   ペーパーできれいに拭き取りましょう。
   ◎ステーキの焼き加減はお好みで。玉
   ねぎの水分を吸って焦げやすくなって
   いるため、何度も返しながら焼きます。

玉ねぎの焼き色はこのくらいで完成。

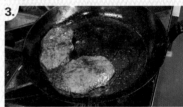
このくらいの焼き色でミディアムレアです。

4. 同じフライパンにバター（10g）を熱し、
   2.と3.の玉ねぎと汁を加え、火を止めて
   混ぜる。塩、こしょうで味をととのえる。
   ◎玉ねぎでフライパンの焦げ目や焼き
   汁をこそげ落とし、吸わせるとおいし
   いソースになります。

ステーキの上にソースをたっぷり
のせ、クレソンを添えたら、
ボナペティ～！

ベスト10

●この料理にはコレ！

赤ワイン　ラ・フルール・ド・ブアール　La Fleur de Boüard
生産者：シャトー・ラ・フルール・ド・ブアール
　　　　Château La Fleur de Boüard
生産地：フランス、ボルドー地方

僕の大好きなサン＝テミリオンのワイン。メルロー主体で、
プルーンやカシスの香りがきいた濃厚なワインです。
サン＝テミリオンではオー・シュヴァル・ブランも大好きです。

じゃがいものガレット
Galette de pommes de terre

{ 調理時間　20分 }
{ 難易度　★★☆ }

じゃがいもは水で洗わない。
でんぷん質があるので
「つなぎ」はいりません。

フランス人の大好きなじゃがいもの
ガレット。非常にシンプルですが、
フランスのエスプリがきいた
素晴らしい家庭料理です。
肉・魚・前菜といろんなものの
つけ合わせにします。よくつなぎに
卵や小麦粉を入れますが、これは
入れません。じゃがいもだけの
ピュアな味です。表面はカリッカリで
香ばしく、中はふっくら。このままでも
十分おいしいですが、ブルーチーズの
ソースをたっぷりかけるのも乙。
お子様はブルーチーズが
苦手でしょうからソースなしでどうぞ。

●材料（4〜6人前）

じゃがいも ……………………………… 3個
塩、白こしょう ………………………… 適量
バター（食塩不使用） ………………… 20g
ソース
　ブルーチーズ ………………………… 20g
　生クリーム ………………… 大さじ2

＊男爵いものほうがでんぷん質が多いため、つ
くりやすいです。

●つくり方

1. じゃがいもはツマ用のスライサーでせ
ん切りにする。塩、こしょうをしたら一
度混ぜて、もう一度塩、こしょうをする。
ソースの材料を合わせる。
◎じゃがいもは、でんぷん質を取り除
くため水にさらすことがありますが、
これはしません。でんぷん質を利用し
てくっつきやすくします。
2. 中火のフライパンにバター（半量）を熱
し、じゃがいもを入れる。10分強、何度
かひっくり返してじっくり焼き色をつ
け、中まで火を通す。
◎フライパンはフッ素樹脂加工された
小さめのものがつくりやすくておすす
めです。
3. よく焼けたら、残りのバターを少量ず
つガレットの縁に入れて溶かし、何度
かひっくり返し香ばしく焼き上げる。

ソースを塗ったら、ボナペティ！

2.

スプーンでほぐして広げたら、スプーンの背で表面
や縁を押さえつけて丸い形をつくります。

3.

フライパンによく押しつけるとでんぷん質でくっつ
きます。何度も押さえつけるのが、美しいガレット
をつくるコツです。

ベスト
10

●この料理にはコレ！

赤ワイン ピノ・ノワール・オフリス　Pinot Noir Ophrys
　　　　生産者：ヴァランタン・チュスラン　Valentin Zusslin
　　　　生産地：フランス、アルザス地方

ちょっと甘めなピノ・ノワール。
ソースのブルーチーズにばっちり合います。

じゃがいも料理が多い理由

僕のレシピはじゃがいもが多いです。なんで多い
んですか？とよく質問がきます。じゃがいもを
つくったり、食べたりしている国は、世界中に広
がっていますが、フランスのじゃがいも料理が目
立つのは、広大な大地を生かした農業国である
ことと同時に、料理のバリエーションが非常に多
いからではないでしょうか。世界に冠たるフラン
ス料理ですから、煮たり焼いたり揚げたりと、さ
まざまな調理法を駆使して先人たちが素晴らし
いじゃがいも料理を創り出してきた結果では。フ
ランス人は本当にじゃがいもが大好きですし、僕
も大好きです。ポテトチップスが欠かせません！

ポテ
Potée

〔調理時間　100分〕
〔難易度　★☆☆〕　※塩豚を漬ける時間は除く

豚バラも野菜もとろっとろ。
真冬に気持ちが安らぐ
フランスの田舎料理。

真冬にフランスの田舎でよくつくる
家庭料理です。似た料理にポトフが
ありますが、ポトフは牛肉やその骨髄、
鶏肉で、ポテは豚肉の塩漬けを
使います。ここでは塩麹で豚バラの
うま味をパワーアップさせます。
ココットがなければ日本のPot、
土鍋で。豚バラもソーセージも
野菜もとろっとろ。
じゃがいもはホックホク。
形はきれいに残っているのにとっても
柔らかい！　汁は透明に煮上げます。
週末などにゆっくり煮込んでみんなで
食べると、気持ちが安らぎますよ。

◉材料（4人前）

塩豚
豚バラ肉（ブロック）	500g
塩麹	25g
塩	25g
にんじん（乱切り）	1本
玉ねぎ（大きめに切る）	1個
じゃがいも（メークイン、乱切り）	2個
キャベツ（大きめに切る）	¼個
ソーセージ	8本
レッドキドニー（赤いんげんの水煮）	100g
ローリエ	2枚
水	たっぷりの量

＊ソーセージは伊藤ハムの「ベルガヴルスト」の
　ブラックペッパーとバジルの2種類を使用。

＊野菜は、他にカリフラワーでもブロッコリー
　でもお好きなものを。玉ねぎやキャベツは芯
　を取らずつけたままにすると、煮込んでもバ
　ラけない。

◉つくり方

[準備]塩豚の材料をビニール袋に入れて
揉み込む。袋のまま冷蔵庫で2時間ほど漬
け込む。

1. 塩豚の塩をキッチンペーパーで軽くぬ
　ぐって、鍋にすべての材料とひたひた
　の水を入れる。
　◎塩味が大事なので塩はざっと拭き取
　るくらいに。

2. 強火で一度沸騰させ、軽くアクを取る。
　ふたをして1時間半ほど弱火でコトコ
　トと煮込む。途中、塩、こしょうで味を
　ととのえる。
　◎ポテは基本的にふたをしませんが、
　ふたをしたほうが蒸し煮になっておい
　しく煮詰まります。火が弱すぎると材
　料から味が出にくいので気をつけてく
　ださい。透き通った出汁になったら成
　功。汁は心持ち味が薄いかなという感
　じですが、食材に味があるので一緒に
　食べるとちょうどよいです。

豚バラを切ったら、
ボナペティ〜！

塩豚を野菜で覆うようにして入れます。

自然のものを食べることが大事

僕はもう何年も前から、小学5、6年
生を対象にした食育活動を行ってい
ます。脳の働きや味蕾（みらい）がととのうの
が12歳頃と言われていて、この時期
に食の大切さを理解し、正しい味覚
を身につけることが重要だからです。
人間の身体は、「甘味、酸味、苦味、
塩味、うま味」の基本の五味を摂取し、
判別することで脳が活性化し、それ
が味覚、嗅覚、視覚など人間が生活
するうえで欠かせない五感を磨かせ
るといいます。五味は自然のものから
しかキャッチできないため、化学的な
手の入っていない自然界の食物をい
ただくことがとても大事なんです。

ベスト
10

◉この料理にはコレ！

白ワイン	カセドラル・セラー・シャルドネ　Cathedral Cellar Chardonnay

生産者：ケイ・ダブリュー・ヴィ　KWV
生産地：南アフリカ共和国、西ケープ州

とても上質。非常に奥行きがあって、
ラムに似た木樽発酵の香りがする素晴らしい白ワインです。

ほうれん草のキッシュ
Quiche aux épinards
〔調理時間 40分〕
〔難易度 ★☆☆〕

容器にバターを厚めに塗れば卵がパイ生地代わりに。

ベスト10

35年前からオニオンキッシュは当店の名物ですが、ここではパイ生地を使わない簡単キッシュを紹介しますよ。容器にバターをたっぷり塗り、詰め物のまわりをパイ生地のようにブロックします。野菜はシャキシャキが残るように炒めると、オーブンで焼いても形が残るし、食感もいいです。フランスっぽいおしゃれなキッシュです。

🍢 材料 (4人前)

ほうれん草(根元までざく切り) ………… 1束
玉ねぎ(薄切り) ………………………… ½個
にんにく(みじん切り) ………………… 1片
チーズ(ベルキューブ イタリアンセレクト) …… 15粒
ドライトマト(市販品) ………………… 適量
アパレイユ(卵液の生地)
　卵 ……………………………………… 2個
　牛乳 …………………………………… 1カップ
　小麦粉 ………………………………… 50g
　ナツメグ ……………………………… 少々
　塩、白しょう ………………………… 適量
オリーブオイル ………………… 大さじ1½
バター(食塩不使用) ………………… 15g

🍢 つくり方

[準備]バターを柔らかくして耐熱容器に厚めに塗る。オーブンを180℃に温めておく。

1. **アパレイユの卵と牛乳をホイッパーで**混ぜ、塩、こしょうをする。ダマにならないように小麦粉を少しずつ加える。塩、こしょう、ナツメグを加える。
◎ダマが多少あっても大丈夫。

2. 中火のフライパンにオリーブオイルを熱し、玉ねぎを炒める。玉ねぎがしんなりし始めたら、にんにく、ほうれん草(軸の多いほう)を加え炒める。塩、こしょうをする。ほうれん草(葉)を加え軽く炒めたら、火を止めて和える。
◎炒め具合は玉ねぎの辛みを取る程度

準備

バターも溶けると風味になるので、容器にはわざとムラをつけてたっぷり塗ります。

で、焦げ目はつけないように。オーブンで火が通るので半生くらいで大丈夫です。

3. **2.**を耐熱容器に移し、ドライトマトをちらして**1.**を入れる。チーズをのせ、オーブンで20～30分焼く。

ボナペティ～!

🍢 この料理にはコレ!

白ワイン **サヴニエール レ・ジェネ** **Savennières Les Genêts**
生産者:ダミアン・ロロー　Damien Laureau
生産地:フランス、ロワール地方

オレンジやかりんなど、すごくフルーティーな香りです。キッシュに抜群に合います。

オニオンリング
Rondelles d'oignons

| 調理時間 | 15分 |
| 難易度 | ★☆☆ |

必ず揚げたてに塩をふる。
ガーリックとトリュフの香りが
止まらない！

フランスの衣揚げはベニェといって
小麦粉と卵で衣をつくります。
天ぷらと似ているんだけど、味も
食感もちょっと違うんですよね。
日本には便利でおいしい天ぷら粉が
あるので、オニオンリングもこれで
つくります！　僕のオニオンリングは
衣にガーリックパウダーを加えますが、
お子様用には控えてもいいですよ。
つけ塩には、おしゃれにトリュフ塩を。
揚げたてはシャキシャキ感が残って
素晴らしいでき映えです。

＊つけ塩にいろいろなフレーバーの塩を使うの
もおすすめ。

🍳つくり方

1. ボウルに衣の材料を入れ、ホイッパー
   で混ぜる。
   ◎あまり練るとコシが出るので、さー
   っとダマが消える程度に混ぜます。
2. 玉ねぎを1枚ずつにほぐし、衣をつけて
   160〜170℃の油で揚げる。
   ◎最初に玉ねぎの切れ端を揚げ、きつ

ね色になったら温度はOKです。玉ね
ぎ同士がくっつかないようにほぐしな
がら揚げてください。きれいに揚げる
ポイントは、揚げカスをこまめに取る
こと。
3. 色がついたら引き上げて、熱いうちに
   塩をふる。
   ◎必ず揚げたてに塩をふってくださ
   い。冷めると塩を吸わなくなります。

ボナペティ！！！

🍳材料（1〜3人前）

玉ねぎ（厚さ1cmの輪切り）・・・・・・・・・・・・・1個
衣
　天ぷら粉・・・・・・・・・・・・・・・・・・・・・100g
　ガーリックパウダー・・・・・・・・・・・・・・適量
　水・・・・・・・・・・・・・・・・・・・・・・・・・160g
揚げ油・・・・・・・・・・・・・・・・・・・・・・・・・適量
トリュフ塩・・・・・・・・・・・・・・・・・・・・・・・適量

🍳この料理にはコレ！

白ワイン　シャトー＝シャロン　Château-Chalon
　　　　　生産者：ドメーヌ・アンリ・メール　Domaines Henri Maire
　　　　　生産地：フランス、ジュラ地方

有名なワインです。サヴァニャンという品種で、
はちみつとあんずの香りがします。オニオンリングに合います。

クロックムッシュ

Croque monsieur façon pain perdu

調理時間　15分　※パンを浸ける時間は除く
難易度　★★☆

フレンチトースト風に
バターで香りよく、カリカリに焼き上げる!

ムッシュはフランス語で旦那さん。クロックはカリカリという音のこと。今回はフレンチトースト風に仕上げているのでクロックムッシュの概念ががらっと変わりますよ。一度冷蔵庫に入れてしめると、ベシャメルもよく冷えておさまりがよくなり、外がカリカリ、中がふわふわになります。普通の人はバターを焦がしすぎちゃうんですが、アラン・シャペルさんから学んだ神業でしっとり仕上がりました。

◉材料 (2人前)

食パン (6枚切) ・・・・・・・・・・・・・・・・・ 4枚
ハム ・・・・・・・・・・・・・・・・・・・・・・・・・・・ 4枚
スライスチーズ ・・・・・・・・・・・・・・・・ 4枚
ベシャメルソース ・・・・・・・・ 右レシピの半量
アパレイユ
┌ 卵 ・・・・・・・・・・・・・・・・・・・・・・・・・・・ 1個
│ 牛乳 ・・・・・・・・・・・・・・・・・・・・・・ ¾カップ
│ 塩、白こしょう ・・・・・・・・・・・・・・・ 適量
└ ナツメグ ・・・・・・・・・・・・・・・・・・・・・ 適量
バター (食塩不使用) ・・・・・・・・・・・・・・ 50g

＊パンは古くなったもののほうがカリカリになる。
＊ベシャメルソースは、市販のホワイトソースやグラタンソースを使ってもOK。

◉つくり方

1. バットにアパレイユの材料を混ぜ合わせる。
   ◎塩、こしょうは軽く。
2. 食パンにベシャメルを塗り、ハム、チーズを挟む。手で上からよく押さえる。
   ◎端から出てきたベシャメルは側面に伸ばしてください。
3. 2.をアパレイユに浸けながら冷蔵庫で冷やす。
   ◎浸ける時間の目安は表30分、裏返して30分程度。パンが液体を完全に吸ったらパーフェクト。冷蔵庫でしめることで、外はカリ、中はふわふわになります。
4. 中火のフライパンにバターを熱し、3.を入れてこんがり焼き色をつける。何度もひっくり返す。焼き色がついたら弱火でじっくりアロゼ (P.12参照) しながら焼く。
   ◎フライパンをよくゆすると、バターが泡立って焦げません。また、よく泡立つと香りが立っておいしく焼けます。アロゼをするとバターがパンによく染みてしっとり焼き上がります。

ボナペティ〜!

◎お正月に残ったおせちを挟んでつくるのも乙だと思います。なんでも挟んでください。

ベシャメルソース

Sauce béchamel

調理時間　10分
難易度　★★☆

◉材料

牛乳 ・・・・・・・・・・・・・・・・・・・・・・・・・・・ 300g
小麦粉 ・・・・・・・・・・・・・・・・・・・・・・・・・ 30g
バター (食塩不使用) ・・・・・・・・・・・・・・ 30g

◉つくり方

[準備] 牛乳を人肌に温めておく。
　◎冷たいとダマができてしまいます。

1. 中火の鍋でバターを熱し、小麦粉を加え、火からおろしてホイッパーでよく練る。
   ◎よく炒めることが必要ですが、ホワイトソースなので絶対に焼き色はつけないでください。
2. 牛乳を少しずつ加えよく混ぜる。全体がよく混ざったら弱火にかけて、濃度が出るまで素早く混ぜる。
   ◎鍋底が焦げやすいので、牛乳を入れたら液体を混ぜるというより鍋底を混ぜます。ベシャメルはコシが大事です。のりのような濃度になったら完成!

◎もしダマができたらザルでこしてください。
◎保存は1回分ずつラップに包んで冷凍で1カ月が目安。

ベスト10

◉この料理にはコレ!

白ワイン　アルボワ・ブラン キュヴェ・ドートンヌ
Arbois Blanc Cuvée d'Automne
生産者:ラ・パント　La Pinte
生産地:フランス、ジュラ地方

アーモンドの香りがします。
香ばしいバターの香りに非常に合います。

チキンカレーピラフ
Riz pilaf au poulet

｛ 調理時間　15分 ｝※バターライスを炊く時間は除く
｛ 難易度　★☆☆ ｝

カレーと醤油のほのかな香りがポイント。
米は洗わず、パラパラに炊く。

恩師の帝国ホテル元総料理長、村上信夫さんのカレーピラフ。このピラフが忘れられないというお客さまは多いです。カレーの香りがうっすら、後から香る上品さ。そして醤油の香ばしさが絶妙なおいしさです。フランス料理でもなければ、洋食でもない。炊き込みご飯を彷彿させるなじみのある食感ですね。おじいちゃんもおばあちゃんも子供たちも、絶対に好きな味です。熱々がもちろんおいしいですが、冷めてもグー。お弁当などにもぴったりですよ。

◉材料（2〜3人前）

鶏もも肉（小さめの一口大） ………… 200g
マッシュルーム（半割り） ………… 8個分
白ワイン（なければ日本酒） ………… ¼カップ
醤油 ………… 小さじ2
塩、白こしょう ………… 適量
カレー粉 ………… 大さじ1
オリーブオイル ………… 大さじ1
バター（食塩不使用） ………… 20g

バターライス

米 ………… 1合
水 ………… 1カップ
バター（食塩不使用） ………… 15g

◉つくり方

[準備] バターライスの材料を炊飯器で炊いておく。
　◎米は水で洗うと粘りが出ます。普通のご飯はそれでよいですが、ピラフはパラパラにしたいので水洗いしません。大事なポイントです。

1. 鶏もも肉に塩、こしょうを強めにふる。中火のフライパンにオリーブオイルを熱し、鶏肉を皮のほうから焼く。
　◎皮をカリカリに焼くのがポイントです。

2. カレー粉、マッシュルームを加えよく炒める。白ワインを加えアルコールを飛ばす。バターライスを加え炒める。
　◎カレー粉をふったらよく炒めてください。香りがよく立ちます。

3. バターを加える。溶けたら醤油を加え、火を止めてよく混ぜる。
　◎醤油はフライパンの鍋肌から入れると香ばしくなります。

ボナペティ〜！

ベスト
10

グーで〜す！ はどうやって生まれた？

YouTubeで毎回、締めに使っている言葉が「グーで〜す！」。これ、実は恩師の村上信夫さんがNHKの料理番組で使っていた決まり文句。弟子の僕が受け継がせてもらっているというわけです。ちなみにダブルグー、トリプルグーは僕のオリジナルですよ。村上さんは1950〜90年代に帝国ホテル総料理長を務めた、日本を代表する偉大なシェフです。ホテルに入社後、僕と同じように鍋洗いから始めてトップに上り詰めた努力と才能の人。僕が新米の頃、村上さんに「ちょっと塩をしてみたまえ」と言われ、目の前でやったことがあるんですが、そこで「こいつはできる！」と目をかけてくださるようになった気がします。20歳だった僕をジュネーヴの大使つきの料理長として抜擢してくれたのも村上さん。それが僕の料理人生を大きく飛躍させてくれました。

◉この料理にはコレ！

｜ロゼワイン｜　**タヴェル・ロゼ　Tavel Rosé**
生産者：ファミーユ・ペラン　Famille Perrin
生産地：フランス、ローヌ地方

グルナッシュ、ムールヴェードル、サンソーの3品種です。バラの香りと少しザクロのニュアンスも。ピラフに抜群に合います。

りんごの薄焼きタルト
Tarte aux pommes

{ 調理時間　50分 }
{ 難易度　★☆☆ }

パイ生地の下にも砂糖をまぶして
カラメリゼする。

秋冬においしいりんごを存分に味わう、簡単タルトです。パイ生地に薄切りのりんごを並べて焼くだけ。
味つけは砂糖とバターのみです。
紅玉りんごを使うと酸味が強いので、パイの下と上に砂糖をまぶして焼くと、酸味と甘味と香ばしさが押し寄せて、めちゃめちゃおいしいです。
砂糖でカラメリゼされたパイはパリパリで、手が止まりません。
こんなにおいしいものばっかり食べているから太るんですよね。
最高です。

🍎材料 (天板1枚分)

冷凍パイシート ……………………2枚
りんご (縦に2等分して横に薄切り) ……2個
グラニュー糖 ……………30g+30g
バター (食塩不使用) ………………20g
ナパージュ
｜ ジャム (アプリコット) ……………30g
｜ 水 ………………………………少々

＊冷凍パイシートはニップン製がレベルが高くておすすめ。

＊りんごの種類は自由。今回は紅玉を使用。

＊ナパージュは光沢をつける上掛けのジャムやゼリー。りんごジャムでもマーマレードでもお好みのもので。

＊りんごは縦に2等分し、芯は果物包丁の切り先を刺してグリグリと回すと簡単に取れます。あまり深く取ると形が崩れるので気をつけて。果肉は横に薄切り。切る時は包丁を「押して引く」。気持ち厚めに切ると、食感が残っておいしいです。

🍩つくり方

[準備] 冷凍パイシートを室温にもどしておく。オーブンを200℃に温めておく。

1. 天板にクッキングシートをしき、グラニュー糖 (30g) をまんべんなくふる。パイシートを天板の大きさに合わせて伸ばし (パイシート2枚で天板1枚の大きさに)、天板におく。
◎パイ生地の下にもグラニュー糖をまぶしておくと、焼いた時にカラメリゼされて香ばしさが出ます。また、りんごの酸味に甘味が加わることで味のバランスが取れます。

2. りんごをパイ生地の上にきれいに並べ、バターを小さくちぎってのせる。オーブンで15分焼く。

3. 残りのグラニュー糖をまんべんなくふり、天板の向きを変えて、さらに20分焼く。
◎焼き色がこんがりついたら完成。

4. 弱火の鍋にナパージュの材料を合わせ、混ぜながら沸騰させる。りんごの表面にハケで塗る。

切り分けたら、ボナペティ～！

2.

バターが冷たいとじわーっと溶けておいしく焼けます。柔らかいバターではすぐにりんごに染みてしまいます。

ベスト
10

🍩この料理にはコレ！

ロゼ・シャンパーニュ　**モザイク・ロゼ　Mosaïque Rosé**
生産者：ジャカール　Jacquart
生産地：フランス、シャンパーニュ地方

いちごの香りに、酸味のきいたレモンの香りも。色はローズで美しく、超おしゃれです。パリパリのタルトとは最高のコンビですね。

タルトタタン
Tarte Tatin

{ 調理時間　30分 }　※冷蔵庫で冷やす時間は除く
{ 難易度　★★☆ }

りんごを煮た最後に砂糖を追加することで甘味と酸味が増す。

フランスの伝統菓子で、タタン姉妹がつくったことからその名前がついています。パイ生地を使うのを忘れて、焼いた後に「しまった！」と上にパイをのせ、ひっくり返したのが始まりとか。レストランでは焼いたパイ生地をのせますが、ご家庭用にクラッカーを使う簡単レシピを考えました。ソテーしたりんごを型に詰めて冷まし、翌日クラッカーをのせて裏に返すだけ。カラメル風味の柔らかなりんごと、クラッカーのコントラストは抜群ですよ。

材料 (直径18cmのパイ型1台分)

りんご(皮と芯を除きくし形切り)‥‥‥‥‥3個
グラニュー糖‥‥‥‥‥‥‥‥‥‥50g + 25g
バター(食塩不使用)‥‥‥‥‥‥‥‥‥‥15g
シナモンパウダー‥‥‥‥‥‥‥‥‥‥‥少々
クラッカー‥‥‥‥‥‥‥‥‥‥‥‥‥‥適量
水‥‥‥‥‥‥‥‥‥‥‥‥‥‥‥‥‥‥適宜

＊りんごの種類は自由。今回は紅玉を使用。レモン汁か酢少量を加えた水に通して色止めしてもよい。

つくり方

1. 中火のフライパンにバターとグラニュー糖(50g)を入れ、バターのまわりが茶色になるまで待つ。半分ほど茶色になったら、フライパンをゆすって混ぜる。全体が茶色になったら素早くりんごを加えからめながら炒める。途中で焦げつかないように水を加える。
   ◎バターとグラニュー糖を動かすときれいなカラメルができないので、最初は放っておきます。
   ◎りんごから出てくる水分でりんごに火を入れます。僕はりんごのシャキシャキ感が残ったタタンが好きですが、ねっとりした柔らかさがお好みならしっかり炒めてください。
2. シナモンと残りのグラニュー糖を加え全体を混ぜ合わせる。型に移し、りんごがつぶれない程度に上からよく押しつける。粗熱を取ったら冷蔵庫で一晩冷やす。
   ◎カラメルがおいしいのでフライパンから残さず入れてくださいね。
3. クラッカーを上に並べて、型を裏に返して抜く。
   ◎冷えたままだと型にくっついて抜けないので、手で型の側面を温めてから抜きましょう。

切り分けたら、ボナペティ〜！

1.
このようにバターが半分ほど茶色くなってきたところでフライパンをゆすって混ぜます。

カラメルは焦がしてつくるものですが、焦がし過ぎれば苦味が強くなるのでその手前がベストタイミング。写真のような状態になったらりんごを入れます。

ベスト
10

3.
クラッカーの隙間は砕いたクラッカーで埋めます。

この料理にはコレ！

シードル **シードル・ブリュット・タンドル　Sidre Brut Tendre**
生産者：エリック・ボルドレ　Eric Bordelet
生産地：フランス、ノルマンディー地方

りんごが原料のワインですから、りんごの香りが豊かで、タルトタタンとは素晴らしいマッチングです。

肉料理

Volailles
Bœufs
Porcs
Agneau
Chevreuil

アッシ・パルマンティエ
Hachis Parmentier

〔調理時間 35分〕 ※じゃがいもの茹で時間は除く
〔難易度 ★☆☆〕

じゃがいもと肉の2層のハーモニーを楽しむ。フランスの学校給食で子供たちに大人気！

パルマンティエはじゃがいも料理によくつけられる名前で、アッシは細かく刻んだものという意味。ここではひき肉のことです。つぶしたじゃがいもとひき肉を混ぜず、層にして焼くのがポイント。味が分かれて、それぞれに存在感が出ます。そして口の中でクリーミーなじゃがいもとひき肉が混ざり合った瞬間、味わいが倍にふくらむんです。フランス人はこの「味のハーモニー」を大事にします。じゃがいも好きなフランス人の食べ方ですね。

●材料（2〜4人前）

牛ひき肉 ……………………………… 250g
玉ねぎ（みじん切り） ……………… ½個
にんじん（皮つき、みじん切り） …… ½個
ナツメグ ……………………………… 適量
塩、黒こしょう ……………………… 適量
バター（食塩不使用） ……………… 20g
オリーブオイル ……………………… 大さじ1
マッシュポテト
　じゃがいも ………………………… 300g
　牛乳 ………………………………… 60ml
　生クリーム ………………………… 60ml
　バター（食塩不使用） …………… 10g
　にんにく（すりおろし） ………… ½片
　パセリ（みじん切り） …………… 1枝
　塩、白こしょう …………………… 各適量

●つくり方

[準備] オーブンを200℃に温めておく。耐熱容器にオリーブオイル（少量）を塗っておく。じゃがいもは下茹でし皮をむく。

1. ボウルでじゃがいもをつぶす。**マッシュポテト**の材料を加え混ぜ合わせる。
　◎塩、こしょうは軽く。
　◎じゃがいものつぶし具合はお好みで。僕は食感の残る粗さが好きですが、繊細にしたければもっとつぶしてください。

2. 中火のフライパンに残りのオリーブオイルを熱し、玉ねぎを炒める。玉ねぎが軽く色づいたら、にんじんを加え炒める。牛肉を加え炒め、塩、こしょう、ナツメグをふる。
　◎野菜はよく炒めることで甘味を引き出します。ひき肉は多少ごろっと固まっていても気にしないで。こしょうは多めに。ナツメグは肉の臭みを取ってくれます。

3. 耐熱容器に2.をしき1.をのせる。バターをちぎってちらす。オーブンで20分ほど焼き色がつくまで焼く。

ボナペティ〜！

◎お好みでチーズやパン粉をかけて焼いてもいいですが、バターだけだとストレートな味を楽しめます。

肉
イチオシ

●この料理にはコレ！

白ワイン **エルミタージュ・ブラン　Hermitage Blanc**
生産者：イー・ギガル　E.Guigal
生産地：フランス、ローヌ地方

ピーチやかりん、ハーブのような香りです。エルミタージュは赤ワインも素晴らしいですが、白もレベルが高い。濃厚な味の料理にぴったりです。

プーレ・ア・ラ・ディアブル
Poulet à la diable

{ 調理時間　20分 }
{ 難易度　★★☆ }

鶏もも肉をピリッと刺激的に！
カリカリの皮に甘辛いソースがクセになる。

プーレは鶏、ディアブルは「悪魔」の意味です。鶏肉をマスタードとカイエンヌペッパーで味つけし、ピリッと辛いから"悪魔風"。カイエンヌペッパーって本当にピリピリきますからね。でも、辛いのがクセになると思いますよ。つけ合わせは、ブロッコリーやじゃがいもを茹でたりソテーしたりしたものが合います。僕はとってもディアブルなものが好きで、昔は、僕自身も悪魔だと言われましたが、本当はやさしいです！　ディアブルな料理、ぜひ試してください。

◉材料（1人前）

鶏もも肉 ……………………………… 1枚
ソース
　ディジョンマスタード ……… 小さじ2
　はちみつ …………………………… 小さじ½
　ウスターソース（あればリーペリンソース）
　　……………………………………… 小さじ½
　パン粉 ………………………………… 15g
　パセリ（みじん切り） ……………… 少々

塩 ………………………………………… 適量
カイエンヌペッパー ………………… お好みで
オリーブオイル ……………………… 大さじ½

◉つくり方

1. 鶏もも肉の両面に塩、カイエンヌペッパーをふる。ボウルに**ソース**の材料を合わせておく。
2. 中火のフライパンにオリーブオイルを熱し、鶏肉を皮のほうから焼く。皮が焼けたら裏返して、アロゼしながら焼く。反対側も同様に。火を止めて取り出す。
　◎皮にこんがり焼き色をつけます。
3. 火を止めたまま同じフライパンにパン粉を入れ混ぜる。パン粉がオイルを吸ったらパセリを加え混ぜる。
　◎パン粉が鶏肉の脂を吸って香ばしくなります。
4. **2.**の皮目にソースをたっぷり塗り、**3.**をのせる。高温のトースターで、パン粉に焼き色をつける。
　◎鶏肉は火が通っているので、パン粉を少しだけ焼いて香ばしくします。

ボナペティ〜！

◉この料理にはコレ！

赤ワイン デ・ローチ ピノ・ノワール　DeLoach Pinot Noir
生産者：デ・ローチ・ヴィンヤーズ　DeLoach Vineyards
生産地：アメリカ、カリフォルニア州

とてもスパイシーで、チェリーの香りが若干します。
鶏肉のディアブル風のピリッとした辛みをスーッと流してくれます。
でも、口の中にはまだディアブルが潜んでいますよ。

三國シェフは本当は怖いの？

僕のことを「怖いシェフ」と思っている方が多いみたいですね。ディアブル（悪魔）とまで言われたり……（笑）。でも、最近はYouTubeでよく喋り、よく笑い、よく食べる姿を見て、イメージと違ったと驚かれます。みなさん、誤解なんです！　怖いだなんて。僕がヨーロッパ修業から帰国したのは1980年代前半ですが、その頃の日本はフランス料理の大きな変革期でした。ホテル中心だったフレンチから町場のレストランが台頭し、料理そのものも「ヌーヴェル・キュイジーヌ」の時代へと移行していた。フランス修業の経験をもつ井上旭さん、石鍋裕さん、鎌田昭男さんが当時のスーパーシェフ三羽烏で、その人気たるや絶大でした。帰国直後の僕の出る幕などなし。そこで一計を案じ、プロレスで言う「ヒール役」に徹したんです。1時間あるテレビのドキュメンタリーで料理人が取り上げられたのは僕が初めてで、調理場で怒りまくる鬼のシェフというヒール役を演じ、評判になった。注目を浴びるきっかけづくりは成功でした。怖いシェフのイメージは、これを引きずっているのでしょう。でも、素の三國は全然違いますからね！

肉
イチオシ

ブランケット・ド・プーレ

Blanquette de poulet

〔調理時間　70分〕
〔難易度　★☆☆〕

鶏肉と野菜の味でブイヨンいらず。バターライスにソースが混じってリッチな味わい。

ブランケットは白く仕上げる調理法のことで、日本でいうクリームシチュー。プーレは鶏肉。フランスでは仔牛バージョンが一番ポピュラーで、豚バージョンもあります。じっくり煮込むので鶏肉の身はスルッとほぐれますよ。手羽先で鶏の風味も増しています。にんじんも玉ねぎも柔らかくてマッシュルームはプリプリ。なんと言っても下にしいたバターライスがシチューを吸ってとろとろです。鍋料理の締めのご飯のような感じ。お子様も大好きな味ですから、ご家庭でぜひ楽しんでください。

●材料（2〜4人前）

鶏もも肉（骨つき）………………… 2本
手羽先 ………………………………… 4本
マッシュルーム …………………… 1パック
ペコロス ……………………………… 1パック
セロリ（長さ4cmに切る）………… ½本
にんじん（厚めの輪切り）………… 1本
にんにく ……………………………… 1片
ブーケガルニ（ドライ、ティーバッグタイプ）
………………………………………… 1袋

小麦粉 ………………………………… 25g
白ワイン ……………………………… 1カップ
水 ……………………………… ひたひたの分量
生クリーム …………………………… ¾カップ
レモン汁 ……………………………… ½個分
塩、白こしょう ……………………… 適量
バター（食塩不使用）……………… 40g

バターライス

米 ……………………………………… 1合
水 ……………………………………… 1カップ
玉ねぎ（みじん切り）……………… 20g
にんじん（みじん切り）…………… 15g
セロリ（みじん切り）……………… 10g
バター（食塩不使用）……………… 15g
塩、白こしょう ……………………… 適量

＊ペコロスは水に浸けておくと皮がむきやすい。ペコロスがなければ玉ねぎ大1個を、芯をつけたまま大きめにくし形切り。

●つくり方

1. 鶏もも肉は膝と足先の関節を切り、大きなほうの肉はさらに半分に切る。両面に塩、こしょうを強めにふる。**バターライス**の材料を炊飯器に入れて炊く。
2. 中火の鍋にバターを熱し、鶏肉を皮のほうから焼く。
　◎皮をカリカリに焼くのがポイント。
3. 野菜を硬い順に加え炒める。小麦粉をふり入れたら、焦げないようによく混ぜて炒める。
4. 白ワイン、にんにく、ブーケガルニを加え、強火でアルコールを飛ばす。沸騰したら水を加え、塩、こしょうをふる。再沸騰したら軽くアクを取り、弱火で40分ほどコトコト煮込む。
5. 生クリーム、レモン汁を加え沸騰させ、5分ほど煮る。塩、こしょうで味をととのえる。

バターライスの上にかけたら、ボナペティ〜！

◎レストランでは、バターライスの米は洗わず鍋で炒めて炊き上げます。
◎セロリは本来筋をむきますが、ご家庭ではそのままでもよいでしょう。手羽先は、先端の尖っている部分を切り落とすと見映えがよくなります。
◎もう少し濃度が欲しい方は、最後に水溶きコーンスターチを入れてもよいです。

肉
イチオシ

●この料理にはコレ！

白ワイン　**ボーヌ・ブラン**　Beaune Blanc
生産者：ドメーヌ・ド・ラ・ヴージュレー　Domaine de la Vougeraie
生産地：フランス、ブルゴーニュ地方

品種はシャルドネ。ほんのりレモンとはちみつの香りがして、ブランケットにぴったりです。

マデラソース
Sauce au Madère

〔調理時間　10分〕
〔難易度　★★☆〕　※ステーキの焼き時間は除く

フランス料理の王道ソース！
煮詰めるポイントがわかると簡単。

ミディアムレアのステーキに
濃厚なソースがからみ、
まさに高級フレンチの1皿です。
フランス料理のソースの中でも
ちょっと難しくてお金もかかりますが、
味わいはリッチ。おいしいソースを
つくるには、上等な酒を使うことが
ポイントです。うま味も濃くてリッチな
味わいなので、霜降り肉より
赤身の多いアメリカやオーストラリアの
牛ステーキにぴったり。記念日の
ディナーにぜひつくってみてください。

◉材料 (2〜3人前)

マデラ酒 (中甘口) ‥‥‥‥‥‥‥‥‥ 100g
玉ねぎ (みじん切り) ‥‥‥‥‥‥‥‥ 30g
グラス・ド・ヴィアンド (HEINZ) ‥‥‥ 50g
塩、黒こしょう ‥‥‥‥‥‥‥‥‥‥ 適量
バター (食塩不使用) ‥‥‥‥‥‥‥‥ 20g

牛ステーキ (P.13) ‥‥‥‥‥‥‥ 人数分

＊グラス・ド・ヴィアンドをフォン・ド・ヴォー
　(HEINZ)にする場合は100g。どちらも余っ
　たら冷凍保存可能。

＊本来はエシャロットを使うが、ご家庭では玉
　ねぎで十分。

◉つくり方

1. 弱火のフライパンにバター(⅓量)を熱
   し、玉ねぎを炒める。
   ◎茶色いソースなので焼き色をつけな
   がら、甘味が出るまでゆっくりじっくり
   炒めてください。

2. マデラ酒を加え強火でアルコールを飛
   ばし、⅓量まで煮詰める。グラス・ド・
   ヴィアンドを加え、時々混ぜながら⅓量
   まで煮詰める。

3. 残りのバターを加えとろみをつける。火
   を止めて塩、こしょうで味をととのえる。
   ◎ホイッパーで空気を入れてつなぐの
   がポイント。

たっぷりのソースの上に
ステーキをおいたら、
ボナペティ！

◎このソースは冷蔵で2〜3日が保
　存の目安。食べる時は再加熱して
　ください。
◎他にも鴨肉やジビエなど、赤身の肉
　ならどんなものにも合いますよ。
◎レストランでは、マデラ酒だけでつ
　くらず、ブランデーやポルト酒など、
　いろいろな酒を足して味を複雑
　にします。もっともっとおいしい
　ソースになります。
◎レストランでは、最後にシノワとい
　う目の細かいこし器でなめらかに
　しますが、ご家庭ではこさずに玉ね
　ぎが入ったままでも。味は変わら
　ずおいしいです。

肉
イチオシ

◉この料理にはコレ！

赤ワイン　シャトー・バタイエ　Château Batailley
　　　　　　生産者：シャトー・バタイエ　Château Batailley
　　　　　　生産地：フランス、ボルドー地方

僕の大好きなワイン。黒こしょうやビターチョコレートの香りがします。
濃厚なマデラソースとステーキにぴったり合います。

トリップのトマト煮
Gratin de tripes

〔調理時間　170分〕
〔難易度　★☆☆〕

三國シェフの大好物！
しっかり炒めて味を凝縮する。

僕の大・大・大好きなトリッパ料理！
フランス語ではトリップです。
イタリア料理で有名ですが、
フランスの家庭でもつくりますよ。
香味野菜と一緒に炒めて
トマトで煮るだけ。チーズをのせて
グラタンのように焼くと、
もうおいしくてたまりません！
赤とうがらしがピリッときいています。
とろとろのアツアツをフウフウ
しながら食べてください。

●材料（4〜8人前）

牛モツ（下茹でしたもの）⋯⋯⋯⋯ 600g
香味野菜
セロリ（みじん切り）⋯⋯⋯⋯⋯⋯	1束
玉ねぎ（みじん切り）⋯⋯⋯⋯⋯⋯	1個
にんじん（皮つき、みじん切り）⋯⋯	½本
にんにく（みじん切り）⋯⋯⋯⋯⋯	2片
しょうが（みじん切り）⋯⋯⋯⋯⋯	大1個

A
白ワイン⋯⋯⋯⋯⋯⋯⋯⋯⋯	½カップ
トマト缶（カット）⋯⋯⋯⋯⋯	1缶（400g）
水⋯⋯⋯⋯⋯⋯⋯⋯	トマト缶2杯分
赤とうがらし（種を取り除く）⋯⋯	1本

塩、黒こしょう⋯⋯⋯⋯⋯⋯⋯⋯ 適量
オリーブオイル⋯⋯⋯⋯⋯⋯⋯ 大さじ2
ピザ用チーズ（お好みで）⋯⋯⋯⋯ 適量

＊ここでは小腸、大腸のミックスで代用したが、
　トリッパ（胃袋）でつくればなおよい。

＊みじん切りにする香味野菜は、まとめてフー
　ドプロセッサーにかけてもよい。

●つくり方

1. 中火の鍋にオリーブオイルを熱し、牛
モツをしっかり炒める。塩、こしょうを
ふる。**香味野菜**を加えよく炒める。
◎モツはしっかり炒めることで臭みを取
ります。匂いが気になる場合は炒める
前に何度か茹でこぼしをしてください。
◎モツを炒めた時に出た汁はおいしさ
の素。汁をよく出して後で煮詰めると
おいしさが倍増します。野菜から出た
水分もよく炒めて飛ばしてください。

2. Aを加え、塩、こしょうをふる。沸騰さ
せ軽くアクを取る。ふたをして弱火で
2時間〜2時間半コトコト煮込む。塩、
こしょうで味をととのえる。

3. グラタン皿に移し、上にチーズをたっ
ぷりかける。高温のトースターで5分
焼いてチーズに焼き色をつける。

ボナペティ〜！

肉
イチオシ

●この料理にはコレ！

赤ワイン マルケス・デ・バルガス レセルバ　Marqués de Vargas Reserva
生産者：マルケス・デ・バルガス　Marqués de Vargas
生産地：スペイン

スペインのテンプラニーリョという品種です。
さくらんぼの香りとバラの風味があり、エレガントです。

ブッフ・ブルギニョン

Bœuf bourguignon

{ 調理時間　140分 }
{ 難易度　★★☆ }

ブルゴーニュの家庭の味。牛肉はフォークだけで食べられる柔らかさ！

ブッフは牛肉。牛肉の
ブルゴーニュ風という意味です。
ココット料理はとてもシンプルで、
肉と香味野菜をワインや
クリームでコトコト煮るだけ。
2時間ほどで肉はフォークだけでも
切れる柔らかさになります。
ステーキのミディアムを食べて
いるような食感で、ゼラチン質は
ぷりっとして全然硬くありません。
僕はリヨンで働いていた時に
ビストロで何度もこの料理を
食べましたが、それに負けません。
家庭料理でこのレベルは
なかなかないですよ。つくったら
絶対褒めてもらえると思います。

◉材料（4〜5人前）

牛すね肉	………………	500g
ベーコン（角切り）	………………	60g
A にんじん（乱切り）	………………	1本
ペコロス	………………	5〜7個
にんにく（薄切り）	………………	1片
B ブーケガルニ（ドライ、ティーバッグタイプ）	……	1袋
赤ワイン	………………	370ml
水	………………	370ml
小麦粉	………………	大さじ2
コニャック（なければブランデー、ウイスキー、日本酒）	……	小さじ1
塩、黒こしょう	………………	適量
バター（食塩不使用）	………………	30g
オリーブオイル	………………	大さじ1

＊牛肉は2時間位煮込むので、すねや肩ロースなど硬くて筋がある部位が最適。

＊ペコロスは水に浸けておくと皮がむきやすい。ペコロスがなければ玉ねぎ大1個をざく切りしたものでもOK。

＊ブルゴーニュ料理なので、本来は同じ産地のワインを使うが、安く手に入るものでOK。ブルゴーニュで選ぶなら、ボージョレのムーラン・ナ・ヴァンなどがおすすめ。

◉つくり方

[準備] 牛すね肉に塩、こしょうを強めにふる。

1. 強火の鍋にオリーブオイルを熱し、牛すね肉を焼く。途中でベーコンを加え、強めに焼き色をつける。
   ◎後で煮込むので、焼き色はちょっと強めにつけるのがポイントです。鍋から煙が立っても怖がらないで。焦げる寸前くらい。焼き色がおいしさの素になります。

2. コニャックを加えアルコールを飛ばす。Aを加え、小麦粉をまぶしてよく炒める。
   ◎コニャックを加えると味や香りが増します。

3. Bを加え沸騰させる。軽くアクを取り、ふたをして1時間15分〜2時間ほどコトコト煮込む。
   ◎煮込む前に鍋側面の焦げをよく落として煮汁に混ぜてください。これ以上煮たら野菜が煮崩れるというくらいまで柔らかくします。

4. 仕上げにバターを加え、塩、こしょうで味をととのえる。
   ◎へらやスプーンを入れると具材が崩れるので、鍋を回してバターを溶かしてください。

ボナペティ〜！

肉
イチオシ

◉この料理にはコレ！

赤ワイン テロワール・ド・ロシュ・マゼ コルビエール
Terroir de Roche Mazet Corbières
生産者：ロシュ・マゼ　Roche Mazet
生産地：フランス、ラングドック・ルーション地方

飲むワインも料理と同じ土地のものを合わせるのが王道ですが、
今回はラングドック・ルーションを。カシスやプルーンが香るこのワインは、
濃厚なブッフ・ブルギニョンに負けていません。

豚肉のシャルキュティエールソース

Rôti de porc charcutière

{ 調理時間　15分 }
{ 難易度　★★☆ }

19世紀の家庭料理！いろんな酸味が心地よくて、ペロッと食べられる。

シャルキュティエールは豚肉や豚肉加工品を売っている店のことで、まさに豚肉にぴったりの料理ですね。19世紀ごろに生まれたと言われる古典的な家庭料理です。
昔のフランス料理はソースたっぷり。具材の入ったソースを皿一杯にしいているので、つけ合わせはなくて大丈夫です。豚肉を焼いたのと同じフライパンでソースもつくるところが合理的。白ワイン、ピクルス、トマトのそれぞれの酸味がまとまった心地よい絶妙な味で、ペロッと食べられますよ。

●材料（2人前）

豚ロース肉	2枚
玉ねぎ（みじん切り）	½個
トマト（ざく切り）	1個
ピクルス（1cm角）	4個
白ワイン	90ml
ディジョンマスタード（なければ和がらし）	小さじ2
塩、白こしょう	適量
小麦粉	適量
バター（食塩不使用）	30g
オリーブオイル	30g

＊トマトの代わりにトマトペーストでも。

●つくり方

1. 豚ロース肉の両面に塩、こしょうを強めにふり、小麦粉をまぶす。
2. 弱火のフライパンにオリーブオイル（⅔量）を熱し、豚肉の両面をカリッと焼く。焼けたら脂の部分を立ててさっと焼き固める。一度取り出す。
   ◎最初に広い面をカリッと焼きます。小麦粉が焦げやすいので弱火でじっくりと。後で煮込むのでここでは焼き色だけで大丈夫です。
3. 同じフライパンを中火にして、玉ねぎを炒める。玉ねぎに色がついたら、トマト、ピクルスを加え炒める。トマトが崩れるくらい柔らかくなったら、白ワインを加え沸騰させる。豚肉をもどし、ソースをからめるように煮る。豚肉に火が通ったら豚肉だけ取り出す。フライパンにバター、マスタード、残りのオリーブオイルを加え、塩、こしょうで味をととのえる。

ソースをしいて豚肉をおいたらボナペティ〜！

◎このソースは魚介なら焼いたマグロにも合います。

レストランでのマナー

日本と欧米では生活習慣の違いがありますが、レストランのマナーでも、日本人には「これは大丈夫なの？」と意外に思えることがあるんです。たとえば、食事中のくしゃみや鼻をかんだりの音を立てる行為。欧米人はこの手の生理現象はガマンしてはいけないとの考え方なんですね。ただ、ゲップはダメ。そして、大きなマナー違反は、スープやパスタを食べる時にズズーと音を立てること。食卓で電話をしたり、スマホをいじったりなんてのも厳禁。料理やお酒とともにみんなで会話を楽しむ場ですからね。もう1つ加えると、食後にコーヒーが出された時、日本人はクリームや砂糖が目の前にあっても「どうぞお先に」と他のお客に譲ることが多いでしょう。フランス人は違います。先に自分がスッと入れて、スッと渡す。もたもたしていたらコーヒーが冷めてしまうから。そこは合理的です。こういうマナーも覚えておくと良いと思います。

肉
イチオシ

●この料理にはコレ！

赤ワイン　**シャトー・カンボン ボージョレ**　Château Cambon Beaujolais
生産者：シャトー・カンボン　Château Cambon
生産地：フランス、ブルゴーニュ地方

ごく軽い赤ワインです。ヌーヴォーで有名なボージョレのもの。柔らかいバラの香りと、軽いラズベリーの味が豚肉料理と合います。

豚スペアリブと じゃがいものココット煮

Côtes de porc en cocotte

〔調理時間　60分〕
〔難易度　★☆☆〕

骨からの出汁がおいしい！ 素朴なのに最高のメインディッシュ。

スペアリブをココットで密閉して柔らかく煮込みます。骨つきだから、煮汁に出汁が出ておいしく煮えます。大きくて厚いスペアリブでも、40分煮れば柔らかくなり、しかもプリッとした弾力があって食べごたえ十分。
大きいものにも小さいものにも、それぞれのおいしさがあるので、肉の大きさがそろっていなくても平気ですよ。一緒に煮る皮つきのじゃがいもはほっくほく、玉ねぎはとろっとします。
ディナーの最高のメインディッシュになると思います。

🍖材料(2〜4人前)

豚スペアリブ ……………………… 500g
A じゃがいも (皮つき) ………… 小14個
　 玉ねぎ (厚めのくし形切り) ………… 1個
　 にんにく …………………………… 1片
B 白ワイン ……………………… 1カップ
　 水 …………………………… ½カップ
　 ローリエ …………………………… 1枚
　 タイム …………………………… 適量
小麦粉 ………………………… 大さじ1
塩、黒こしょう ……………………… 適量
バター (食塩不使用) ……………… 30g

🍖つくり方

1. 豚スペアリブの両面に強めに塩、こしょうをふる。
2. 強火の鍋にバターを熱し、豚肉をこんがり焼く。途中、小麦粉を加え炒める。Aを加え中火で焼き色をつける。
3. Bを加え強火にする。軽くアクを取る。沸騰したら、ふたをして弱火で40〜50分コトコト煮込む。

ボナペティ〜！

肉
イチオシ

🍷この料理にはコレ！

白ワイン　**サン・ペレ ラ・ベル・ド・メ　Saint Peray La Belle de Mai**
　　　生産者：ジャン＝リュック・コロンボ　Jean-Luc Colombo
　　　生産地：フランス、ローヌ地方

パイナップルやアプリコットの香りが若干します。
非常にスパイシーで、豚肉とよく合います。

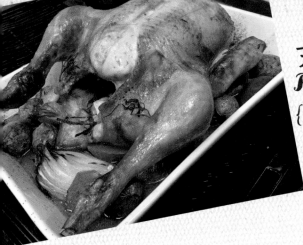

丸ごとローストチキン
Poulet rôti

〔調理時間　70分〕
〔難易度　★☆☆〕
※冷蔵庫でなじませる時間、オーブンで休ませる時間は除く

オーブンに入れるだけのスペシャルな料理。余熱を生かして中はふっくら皮はパリパリ。

フランス人は「日曜日はプーレ・ロティ（ローストチキン）」と言うくらい週末にローストチキンを楽しむのが習慣になっています。オーブンに入れて1時間放っておけばよいので簡単。焼き終えたら30分休ませるのも大事な工程で、余熱で芯まで火が入り、肉汁が落ち着いてジューシーに仕上がるんです。身はパサつかず、ふっくらして皮がパリパリです。焼き鳥にも負けないおいしさ。手羽先は手づかみでどうぞ。

🍳材料（2〜4人前）

鶏		1羽
A	じゃがいも（皮つき）	小14個
	にんじん（大きめに切る）	1本
	玉ねぎ（大きめに切る）	1個
	レモン（大きめに切る）	1個
にんにく		7片
ローズマリー		適量
タイム（あれば）		適量
塩		軽い一握り
白こしょう		適量
オリーブオイル		大さじ2
バター（食塩不使用）		40g

＊小さいじゃがいもがなければ、普通の大きさのものをざっくり切る。

＊ハーブはフレッシュがなければドライでも。

肉・鶏

🍳つくり方

[準備] 鶏肉を室温にもどす。バターは室温で柔らかくしておく。オーブンは180℃に温めておく。

1. ボウルにオリーブオイル、塩、こしょう、ハーブの葉（指先でしごいて茎から取る）を入れてよく混ぜ、鶏肉にたっぷり塗りつけて揉み込む。腹にハーブの茎を詰める。そのまま冷蔵庫で1時間ほどなじませる。
   ◎鶏肉の塩、こしょうは多めに。オイルと塩で揉み込むと余計な水分が出てパリッと焼き上がります。

2. 耐熱容器にAを並べ、軽く塩、こしょうをふり、その上に鶏肉をのせる。鶏肉の表面ににんにくの切り口を擦りつけてから一緒に耐熱容器に入れる。バターをちぎって鶏肉にのせる。

3. オーブンで1時間ほど焼く。焼けたらオーブンの中で30分ほど放置しておく。
   ◎30分焼いたところで一度様子を見て、鶏から出てきたジュ（焼き汁）を鶏肉にかけて、しっとり仕上げます。このジュがおいしさの素です。

切り分け方

❶ 足のつけ根に包丁を入れ、関節を切り離し、もも肉を取り出す。

❷ 胸の真ん中の骨に沿って包丁を入れ、関節を切り離し、むね肉を取り出す。

包丁を入れる場所がわかるとはがれるようにはずれ、関節を切り離すと簡単に切れます。

ボナペティ〜！

◎レストランでは1羽の鶏をタコ糸で縛って形をととのえますが、家庭料理なので縛らなくても大丈夫ですよ。

◎骨に残った身は、冷たくなってからほぐしてサラダなどに使ってください。

◎骨は水でコトコト煮るとおいしいブイヨンが取れます。

◎鶏肉のブライン漬けやスタッフィング（詰め物）は、フランス料理ではあまりやらないような気がします。クリスマスに栗を詰めたりはしますが、そのまま焼いてもおいしいのがフランスの鶏です。日本でもおいしい鶏が多いので、ぜひそのままで焼いてください。

🍷この料理にはコレ！

赤ワイン　シノン・ルージュ　Chinon Rouge
生産者：ドメーヌ・オードベール・エ・フィス　Domaine Audebert et Fils
生産地：フランス、ロワール地方

品種はカベルネ・フラン。とてもフルーティーでプルーンのような香りがします。鶏肉に合います。

フライパンでローストチキン
Cuisse de poulet à la poêle

{ 調理時間　15分 } ※マリネする時間は除く
{ 難易度　★☆☆ }

骨も一緒に焼くことで風味が倍増。アロゼでオーブンなしにふっくらジューシー。

骨つきもも肉をフライパンだけで
ふっくらカリカリに焼きます。昔は
オーブンがなかったから、フライパンで
焼いたり、あぶり焼きにしたりして
いたんです。アロゼの技法で油を
肉にかけながら焼けば、厚い鶏肉も
火が通りやすくジューシーに
仕上がりますよ。リッチなディナーの
場でぜひ披露してください。
味は塩、こしょうだけで十分。
ただし必ず骨つきで。骨から香りが
出てくるからです。火を通すのに
少しだけ時間はかかりますが、
それがおいしくなる秘訣。

●材料 (2人前)

鶏もも肉 (骨つき) ………………… 2本
ローズマリー …………………… 4～6本
塩、白こしょう ………………… 適量
オリーブオイル (マリネ用) ……… 大さじ1
オリーブオイル (ロースト用) …… 大さじ1

＊ローズマリーはフレッシュがなければドライ。

●つくり方

1. 鶏もも肉の関節に切り込みを入れ、包
丁の切っ先で皮に複数の穴を開ける。
両面に塩、こしょうを強めにふり、マリ
ネ用のオリーブオイル (半量) をかけて
ローズマリーを1本ずつのせる。反対
側にも残りのローズマリーとオリーブ
オイルをかける。冷蔵庫で2～3時間
マリネする。

2. フライパンにオリーブオイルを入れ、
鶏肉の皮を下にして入れて、マリネし
たローズマリーを数本鶏肉にのせる。
中火にし、皮にこんがり焼き色がつい
たら、裏返してアロゼしながら焼く。再
び裏返して反対側もアロゼする。
◎フライパンが温まる前に鶏肉を入れ
るのが焦がさないコツ。じっくり皮を
焼いてカリカリにします。皮がカリッ
カリに焼けたら7～8割は火が通って
います。
◎ローストチキン風にするには、ふっ
くらと焼き上げることがポイント。肉
は押しつけず、アロゼすれば早くジュ
ーシーに火が通ります。
◎ローズマリーは焼いていると焦げて
くるので、焦げる寸前で取り出してく
ださい。

鶏肉に焼いた油をかけたら、
ボナペティ～！

1.

ローズマリーは鶏肉にすごく合いますし、匂い消し
になります。ちょっと鮮度が落ちた肉や魚をマリネ
する時に添えると嫌な匂いがスッと消えて非常に
重宝しますよ。

肉・鶏

●この料理にはコレ！

赤ワイン ボーヌ ラ・モンテ・ルージュ　Beaune La Montée Rouge
生産者：ドメーヌ・ド・ラ・ヴージュレー　Domaine de la Vougeraie
生産地：フランス、ブルゴーニュ地方

品種はピノ・ノワールです。非常に繊細でエレガント。スミレの香りが
少ししますね。鶏肉には、やはりブルゴーニュが合うなと思います。

砂肝コンフィのソテー
Confit de gésiers

{ 調理時間　50分 }　※じゃがいもの茹で時間、冷蔵庫で寝かせる時間は除く
{ 難易度　★★☆ }

オイルに出た砂肝の味と香りをじゃがいもに移す。

コンフィは食材を油脂の中で煮てからそのまま保存する調理法。たっぷりのオイルでじっくり煮ることで硬い食材も柔らかくなります。鴨のコンフィが有名ですね。ご紹介するのはコンフィにした鶏の砂肝をじゃがいもと一緒にソテーします。砂肝のコリコリ、じゃがいものホクホクがもう止まらないおいしさです。味つけはこしょうだけですが、オイルについた砂肝の風味がおいしくしています。おつまみにどうぞ。

📛材料（4人前）

砂肝 ………………………… 450g
じゃがいも ………………… 大2個
にんにく …………………… 2片
ローズマリー ……………… 適量
塩 …………………………… 大さじ1
黒こしょう ………………… 適量
オリーブオイル ………… ひたひたの量

＊じゃがいもはサラダ風に和える時はメークインがおすすめ。

📛つくり方

1. 砂肝は半分に切り分け、山になっている部分をさらに半分に切る。じゃがいもは茹でて皮をむき、厚めの輪切りにする。
 ◎砂肝は通常白い部分も取りますが、油で煮れば柔らかくなるのでご家庭ではこのままで大丈夫です。
 ◎じゃがいもは皮をつけたまま茹でれば中に水分が入らず、ホクホクになります。多少崩れても形が残るように大きめに切ります。

2. ボウルに砂肝、にんにく、ローズマリー、塩を入れて手で揉み込む。冷蔵庫で10分寝かせる。
 ◎手の温度で塩が溶けて味がなじみやすくなります。

3. 小鍋に移し、オリーブオイルをひたひたに入れ、一度沸騰させてから中火で30分ほど煮る。
 ◎砂肝から染み出した水分は入れないように。ローズマリーはここで取り出してもよいし、もう少し香りが欲しければ一緒に煮て途中で取り出します。
 ◎火が弱すぎると砂肝が柔らかくならないので、中火でグツグツと煮てください。

4. 砂肝とにんにくをオイルからすくってフライパンに移し、じゃがいもを加え炒める。炒めながら、じゃがいもをフォークで半分に崩す。3.のオイルをスプーンで5杯ほど加え、こしょうで味をととのえる。
 ◎塩味は砂肝の下味だけで十分。

ボナペティ〜！

◎砂肝を煮た後のオリーブオイルには、砂肝の味や香りが残っています。下に沈んでいる水分を除けば、保存がきくのでもう一度コンフィをつくったり、パスタや肉、魚料理などいろいろな料理に使ったりして有効活用してください。
◎ローズマリーも他の料理で再利用できます。

肉・鶏

📛この料理にはコレ！

赤ワイン コート・デュ・ローヌ ルージュ
Côtes du Rhône Rouge
生産者：ルイ・ベルナール　Louis Bernard
生産地：フランス、ローヌ地方

品種はグルナッシュとシラーなど。黒こしょうやプルーンの香りがして、フルーティーです。砂肝のコンフィと相性がよいです。

プーレ・オー・ヴィネーグル

鶏もも肉のマレンゴ風

プーレ・オー・ヴィネーグル

Poulet au vinaigre

{ 調理時間　20分 }
{ 難易度　★★☆ }

鶏をカリカリに焼いて煮込むだけ。

僕は27歳でリヨン郊外のミヨネー村で
修業していた時、休日はビストロで
この郷土料理を必ず食べていました。
今やフランスの国民食と言っても
いいです。ビネガーがほんのりきいて
いて、トマトの酸味と玉ねぎの甘味が
加わり、めちゃめちゃ美味です。

🍳 材料 (2人前)

鶏もも肉 (骨つき) ····················· 2本
玉ねぎ (厚めのスライス) ············· 1個
トマト (ざく切り) ················· 大1個
白ワインビネガー
　(なければ赤ワインビネガー、米酢) ······ 70ml
水 ······························· ½カップ
塩、白こしょう ····················· 適量
バター (食塩不使用) ················· 30g

🍳 つくり方

1. 鶏もも肉は関節で半分に切り、両面に
   塩、こしょうを強めにふる。包丁の切
   っ先で皮に複数穴を開ける。
2. 中火でフライパンを熱し、鶏肉を皮か
   ら焼く。
   ◎皮はじっくりとこんがり焼きます。
   少し焦げても煮汁で柔らかくなるので
   大丈夫です。「ちょっと焼きすぎたか
   な」というくらいがちょうどいいです。
3. 皮が焼けたら裏返して、玉ねぎ、トマト
   を加え塩、こしょうをふる。玉ねぎが

色づいてきたら、ワインビネガー、水を
加え、ふたをして弱〜中火で10分煮込
む。バターを加えとろみをつける。

ボナペティ〜！

🍶 この料理にはコレ！

白ワイン

アルボワ・サヴァニャン・ウイユ
Arbois Savagnin "Ouille"
生産者：ラ・パント　La Pinte
生産地：フランス、ジュラ地方

アプリコットの香りがうっすらとして、
フルーティーです。
ちょっとお酢がきいてるソースには
ぴったりだと思います。

鶏もも肉のマレンゴ風

Poulet Marengo

{ 調理時間　20分 }
{ 難易度　★★☆ }

にんにくとトマトの酸味が
たまらない。

昔、ナポレオンがイタリアの
「マレンゴの戦い」で勝利した後、
その場で手に入る材料だけで
つくったと伝えられています。
本来はザリガニを入れたり、
卵のフライをつけたりするんですが、
ここでは省略。にんにくとトマトの
酸味がきいていてとてもおいしいです。

🍳 材料 (2〜4人前)

鶏もも肉 ························· 2枚
玉ねぎ (みじん切り) ··············· ½個
にんにく (みじん切り) ··············· 1片
トマト (角切り) ··················· 1個
ブラウンマッシュルーム (2等分)
································· 1パック
白ワイン ····················· 大さじ3
水 ··························· ½カップ
塩、白こしょう ··················· 適量
小麦粉 ························· 適量
オリーブオイル ··············· 大さじ1

🍳 つくり方

1. 鶏もも肉は一口大に切り、塩、こしょう
   をふり、小麦粉をまぶす。
2. 中火の鍋にオリーブオイルを熱し、鶏
   肉を皮から焼く。皮がカリカリに焼け
   たら裏返して全体に焼き色をつける。
   ◎皮をカリカリに焼いて、強めに焼き
   色をつけるとおいしくなります。
3. 玉ねぎ、にんにく、トマト、マッシュルー
   ム、白ワイン、水を加え、沸騰したら、ふ
   たをして中火で約10分煮込む。

ボナペティ〜！

🍶 この料理にはコレ！

スパークリングワイン

ロエロ・アルネイス スプマンテ カプ
リッチョ
Roero Arneis Spumante Capriccio
生産者：カッシーナ・ボスケッティ
　　　　Cascina Boschetti
生産地：イタリア、ピエモンテ州

マレンゴのあるピエモンテ州の
ワインです。ほんのりピーチの
香りがしてフルーティーです。
鶏肉とトマトの酸味に合います。

肉・鶏

コルドン・ブルー
Cordon bleu

{ 調理時間　15分 }
{ 難易度　★★☆ }
※冷蔵庫で寝かせる時間は除く

鶏むね肉をボリューミー
かつリッチにいただく。
ポイントは低温の油で
煮るイメージ。

コルドンはリボン、ブルーは青で、フランスでは「腕がいい料理人」のことを言います。そして料理でコルドン・ブルーといえば鶏むね肉のカツレツ。ルーツはウィーンの有名な料理、「ウィンナー・シュニッツェル（仔牛のカツレツ）」のようです。フランスの高級レストランでは「ブレス鶏」という高価な地鶏を使いますが、普通の鶏肉で構いません。鶏むね肉はパサつきやすく非常に難しいですが、中にハムやチーズをたっぷり入れて油で揚げるのでしっとりし、味もリッチです。

●材料（1〜2人前）

鶏むね肉 ………………………… 1枚
スライスチーズ（半分に切る）………… 3枚
ロースハム（半分に切る）………… 3枚
小麦粉 ……………………………… 適量
溶き卵 …………………………… 1個分
パン粉 ……………………………… 適量
塩、白こしょう …………………… 適量
揚げ油 ……………………………… 適量
クレソン ………………………… お好みで

＊スライスチーズはモッツァレラを使用。
＊フランスでは、パン粉は乾燥したバゲットを
　細かく砕いて使う。

●つくり方

1. 鶏むね肉は皮と筋を取り除いたら、二等分に切って横から包丁を入れて開く。開いた面を包丁の切っ先で複数穴を開け、塩、こしょうをふる。パン粉はザルでふるい細かくする。

◎チーズとハムが入るので塩、こしょうは普通の量で。パン粉は日本風に粗いものをそのまま使ってもいいですよ。

2. ハムとチーズを鶏肉で挟む。鶏肉の外側も塩、こしょうをふり、小麦粉→溶き卵→パン粉の順にたっぷりつけたら、冷蔵庫で10〜15分寝かせる。
◎鶏肉が小さいとチーズが縁から溶け出してしまうので、めん棒などで叩いて広げてから包んでください。チーズとハムが隠れるようにしっかり鶏肉に押し込み、元の形にもどすようにととのえます。パン粉をつける時に形をととのえます。

3. 160〜170℃の油で約5分揚げる。火が通ったら強火にして1〜2分カラッと揚げる。
◎肉が厚いほうを先に入れ、30秒後にもう1つを入れます。身が厚いのでまずは低温で色をつけないようにじっくり火を通します。油で煮るイメージです。上に浮いてきたらほぼ火が通っているサイン。

クレソンを添えたら、
ボナペティ〜!

1.

肉が厚いところから奥のほうまで、水平に包丁を入れて袋状にします。

◎残った鶏の皮は煮込みなどに使ってください。
◎レモンを絞ったり、ウスターソースやトマトケチャップをかけたりしてもいいですね。
◎チーズの種類を変えると、また雰囲気が変わります。

●この料理にはコレ！

赤ワイン　ル・ピノ・ノワール トラディション　Le Pinot Noir Tradition
生産者:ドメーヌ・デュ・ダレイ　Domaine du Daley
生産地:スイス

珍しいスイスの赤ワイン、ピノ・ノワール100%です。カシスの香りがして、このむね肉にぴったりだと思います。非常にエレガントです。

プーレ・オー・リースリング
Poulet au Riesling

〔調理時間　40分〕
〔難易度　★★☆〕

飲むワインを料理にも
使うのが一番の贅沢。
ぜひリースリングをどうぞ。

鶏の煮込みというと赤ワイン煮が有名ですが、白ワイン煮もあるんです。リースリングを使えば「プーレ・オー・リースリング」になり、ブルゴーニュの白ワインを使えば「プーレ・オー・ブルギニョン」と名前が変わります。
アルザスのリースリングは酸味と香りが素晴らしいです。
うま味調味料を使っていないのに半端ないおいしさですよ。
これにバターライスや白ご飯、またヌイユ（平たいパスタ）などを添えるとめちゃめちゃ合います。

🍽 材料（4人前）

鶏もも肉（一口大）	1枚
手羽元、手羽先	各4本
玉ねぎ（みじん切り）	½個
マッシュルーム	1パック
コニャック（なければブランデー、ウイスキー、日本酒）	大さじ1
白ワイン	1½カップ
生クリーム	½カップ
パセリ（茎までハサミで切る）	適量
塩、白こしょう	適量
バター（食塩不使用）	10g
オリーブオイル	10g

＊白ワインはアルザス地方のリースリングを使用。お好みで他の土地の白ワインでももちろんOK。

🍽 つくり方

1. 鶏もも肉、手羽元、手羽先の両面に塩、こしょうをふる。
   ◎塩、こしょうは軽く。香ばしくしたい方は小麦粉もつけてください。
2. 中火の鍋にオイルとバターを熱し、鶏肉を皮から焼く。
   ◎バターだけだと焦げやすいのでオイルも一緒に。フランスでもよくされている方法です。バターが溶けて泡立ったら鶏肉を入れます。
   ◎鶏肉がカリカリに焼けたらこの料理は成功です。白い料理なので焦げない程度にしっかり焼き色をつけます。
3. 鶏肉の皮が焼けたら、玉ねぎを加え炒める。マッシュルーム、コニャック、白ワインを加え強火にする。塩、こしょうで味をととのえる。沸騰したら弱火で25〜35分間煮込む。生クリームとパセリを加え、強火で沸騰させる。
   ◎玉ねぎを炒めながら、鍋底の焦げ目を軽くこそげ取ります。白い煮込みなので玉ねぎに色はあまりつけないでください。白ワインを加えてからも、よく混ぜて鍋底の焦げつきを溶かします。

ボナペティ〜！

◎鍋に残った煮汁がおいしいので、ゴムベラできれいにぬぐい取って鶏肉にかけてくださいね。

肉・鶏

ワインのマナー

YouTubeで僕がワインを飲んでいる時に、音を立てているのが聞こえるでしょう。これ、空気をすするようにして吸い込んでいるからです。ワインは空気に触れることで風味が開いてくるので、プロはテイスティングする時にこういう飲み方をしてワインの個性を判断します。ですから、レストランでも家庭でも、食事として飲む時にこれをやってはいけません。マナー違反。音を立てずに、静かに味わいましょう。

🍽 この料理にはコレ！

白ワイン　リースリング・ド・ステファン　Riesling de Stéphane
生産者：レ・ヴァン・ピルエット　Les Vins Pirouettes
生産地：フランス、アルザス地方

ライムの皮の香りが若干します。リースリングの甘味もあってとてもおいしいです。

鶏もも肉と
にんにくのロースト
Poulet à l'ail

〔調理時間　35分〕
〔難易度　★★☆〕

鶏と野菜に
焼き色をつけたら
鍋ごとオーブンへ！

南フランスの郷土料理です。
鍋ごとオーブンに入れてローストする
ところがダイナミックでしょう。
パリパリの鶏の皮と、ホクホクの
にんにく、じゃがいも。
これがたまりません。にんにくは
皮ごとローストすると焦げなくて
中はホクホク。臭みも飛びます。
フランス語ではこの調理法を
アン・シュミーズ──「シャツを
着せて焼く」と言うんです。
夏にこれを食べれば、元気が出て
暑さを乗り越えられますよ。

🌀材料（2人前）

鶏もも肉（骨つき）	2本
にんにく（皮つきを横半分に切る）	2玉
玉ねぎ（縦4等分）	½個
じゃがいも（男爵、皮つきを乱切り）	2個
オリーブ（グリーン、種抜き）	16個
ローズマリー	2枝
タイム	2枝
ローリエ	1枚
オリーブオイル	大さじ5
塩、白しょう	適量

肉・鶏

🌀つくり方

[準備] オーブンを220℃に温めておく。

1. 鶏もも肉は関節で半分に切り、両面に
塩、こしょうを強めにふる。

2. 中火の鍋にオリーブオイルを熱し、鶏
肉を皮から焼く。皮がカリカリに焼け
たら裏返す。全体に焼き色がついたら
取り出す。
◎オイルはソースとして使うため多め
に入れます。オイルが多いと焼き色が
つきにくいですが、時間をかけてしっ
かり色をつけてくださいね。鶏肉がカ
リカリに焼けたらこの料理は半分成
功。オーブンで中まで火を入れるので、
ここでは焼き色だけつけます。

3. 同じ鍋でにんにくの断面を焼く。焼き
色がついたら、玉ねぎとじゃがいもを
加え炒める。軽く焼き色がついたら、
鶏肉を、皮を上にしてもどし、ハーブを
のせる。
◎鍋底が多少焦げついても大丈夫。焦
げがおいしさの素になります。

4. ふたをしないでオーブンで25分焼く。
◎オーブンに入れられる鍋がなけれ
ば、グラタン皿に入れ替えてもいいで
す。ふたをしないことで皮面をカリカ
リに焼き上げます。

仕上げにオリーブをちらしたら、
ボナペティ～！

◎残ったオリーブオイルは捨てずに
他の料理に再利用してください。

🌀この料理にはコレ！

赤ワイン　ブルゴーニュ ピノ・ノワール　Bourgogne Pinot Noir
　　　　生産者：マリー＝ルイーズ・パリゾ　Marie-Louise Parisot
　　　　生産地：フランス、ブルゴーニュ地方

ブルーベリーの香りがします。
にんにく、鶏肉にピノ・ノワールの相性は抜群ですね。

アンショワイヤードソース
Sauce anchoïade

{ 調理時間　3分 }
{ 難易度　★☆☆ }

ミキサーで混ぜるだけ！どんな食材にも合うアンチョビソース。

南フランスで生まれたアンチョビのソースです。ミキサーで材料を撹拌するだけで超簡単！鶏のもも肉をカリカリに焼いて、冷やしておいたこのソースをたっぷりとつけていただきます。なんとよく合うこと！どんな食材にも合いますから、豚、魚、フライなどいろんな料理に使えます。

●材料（2〜4人前）

アンチョビ	25g
オリーブオイル	125ml
にんにく	1片
バジル	10枚
ディジョンマスタード	小さじ1
白ワインビネガー	小さじ1
塩、白こしょう	適量

鶏もも肉のソテー（P.12）………人数分

●つくり方

バジルは洗って水をよくきる。材料をすべてミキサーに入れて撹拌する。冷蔵庫で冷やす。
◎アンチョビの塩気が強いので塩、こしょうは軽く。少しダマがあっても気にしないでいいですよ。冷やしながら休ませると全体がなじんでしっとりしてきます。

お皿にソースをしいて鶏肉を盛りつけたら、お好みで黒こしょうをかけてボナペティ〜！！！

◎保存は冷蔵で2〜3日が目安。

南フランスで野宿しながら修業

フランスでの修業時代、南フランスにも行きました。地方のレストランはバカンスの繁忙期、人手確保のために短期で料理人を雇うことが多いんです。セゾニエ、つまり季節労働者ですね。冬はスキー場のあるアルプスあたり、夏は南仏の地中海沿岸でたくさん仕事があるんですよ。僕はニースやラ・ナプール、ムージャンといった、いわゆるコート・ダジュールの星つきレストランで2シーズン働きました。ある時、女優の島田陽子さんがカンヌ映画祭で来仏され、ちょうど僕がいた「ムーラン・ド・ムージャン」という三ツ星レストランを訪ねてきて、厨房にも姿を現し、挨拶をさせてもらったことがありました。何年か後、日本でお会いする機会があって、懐かしくハグをさせていただきましたよ。とっても光栄な思い出です。もう1つ忘れられないのは、ラ・ナプールの三ツ星レストラン「ロアジス」で働き始めた時、最初の1カ月間は給料をもらえないので、浜辺で野宿しながら店へ通ったんですよ。1カ月後、ぶじに給料が出るようになり、高級マンションへ引っ越ししましたが、今となっては野宿も懐かしい思い出です。

肉・鶏

●この料理にはコレ！

赤ワイン ブルゴーニュ ピノ・ノワール　Bourgogne Pinot Noir
生産者：マリー＝ルイーズ・パリゾ　Marie-Louise Parisot
生産地：フランス、ブルゴーニュ地方

軽くて香りのよいピノ・ノワールを合わせました。
少しこしょうの香りもします。
鶏肉にぴったりで最高です。止まりません！

鶏むね肉の
エスカルゴ
バターソース

Suprême de volaille au beurre d'escargot

〔調理時間　15分〕
〔難易度　★★☆〕　※冷蔵庫で冷やし固める時間は除く

白ワインで蒸して
しっとり仕上げる。

エスカルゴバターをつくり、鶏のむね肉に詰めて焼きます。むね肉はパサつきやすいので火の入れ方が難しいんですが、中にバターを詰めて最後に白ワインで蒸し焼きにすると、本当にしっとり仕上がりますよ。バターにパセリもたっぷり入っているのでつけ合わせになります。焼き汁のジュをいっぱいつけて頬張ると、めちゃめちゃうまい。トレ・ビアンです！

🍖材料（1人前）

鶏むね肉 ………………………………… 1枚
塩、白こしょう ………………………… 適量
白ワイン ………………………………… 大さじ2
オリーブオイル ………………………… 大さじ1
エスカルゴバター
｜ バター（食塩不使用） ………………… 100g
｜ パセリ（粗みじん切り） ……………… 30g
｜ にんにく（すりおろす） ……………… 1片
｜ 塩、白こしょう ………………………… 適量

＊本来はパセリだが、なければバジル、ローズマリー、タイムなどお好きなハーブで代用。

🍳つくり方

[準備] バターは室温で柔らかくする。

1. ボウルで**エスカルゴバター**の材料をよく混ぜ合わせ、冷蔵庫に入れておく。
2. 鶏肉は横から水平に切り込みを入れて袋状にする。多めに塩、こしょうをふる。
3. 鶏肉に**1.**をたっぷり詰めて、30分〜1時間、冷蔵庫で冷やし固める。
   ◎1回冷蔵庫で固めると、バターが溶けにくくて焼きやすいです。
4. 中火のフライパンにオリーブオイルを熱し、**3.**を皮のほうから焼く。全体に焼き色がついたら、ふたをして弱火で5分ほど蒸し焼きにする。白ワインを加え、再びふたをして中まで火を通す。
   ◎皮をカリカリに焼き上げます。

ボナペティ〜！

エスカルゴバターを中に押し込むように詰め、上下の肉を重ねて完全に包み込んでください。

◎ソースの保存は、冷凍で1カ月、冷蔵の場合はパセリが腐ることがあるので2〜3日が目安。
◎フライパンに残ったジュ（焼き汁）はおいしいエキスですから、盛りつけた鶏肉にかけてください。
◎サザエやつぶ貝にのせてトーストしてもおいしいです。

🍷この料理にはコレ！

赤ワイン　**コート・デュ・ローヌ ルージュ　Côtes du Rhône Rouge**
生産者：ルイ・ベルナール　Louis Bernard
生産地：フランス、ローヌ地方

コート・デュ・ローヌがぴったりだと思います。
さらっとした軽やかさが鶏肉にマッチして、めちゃめちゃおいしいです。

カフェ・ド・パリ・バター
Beurre café de Paris

{ 調理時間 15分 }
{ 難易度 ★★☆ }

フランスの
スタンダードなソース！
ハーブはお好みのものを。

フランス料理では、
バターに香味野菜や調味料を混ぜて
固めたものがよく使われます。
カフェ・ド・パリ・バターは
ステーキにつきものと言えるくらい
基本です。必ず入るのがパセリ。
後は風味づけにいろいろな材料を
加えて、スパイシーにします。
ランプ肉はももの一部で、
身が締まって味がある部位。
僕は大好きです。
高級店ではなくカフェのジャンルだと
ステーキによく使うんです。
欧米の人たちは本当に大好き。
表面はカリッ、中はミディアムレアか
ミディアムでいただきます。

🌑材料(8〜10食分くらい)

バター(食塩不使用) ……………… 150g
にんにく(みじん切り) ……………… 1片
パセリ(みじん切り) ……………… 2枝
ハーブ(みじん切り) ……………… 適量
ケイパー ……………………… 大さじ1
玉ねぎ(みじん切り) …………… 大さじ1
ウスターソース(お好みで、なければ醤油)
……………………………… 小さじ1
生クリーム ……………………… ½カップ
ディジョンマスタード(なければ和がらし)
……………………………… 大さじ1
レモン汁 ………………………… 大さじ1
カレー粉(お好みで) …………… 小さじ1
塩、黒こしょう ………………… 適量

＊ハーブは、タイム、セージ、ローズマリーなど
　お好みで。ローズマリーは香りが強いので1
　枝で十分。タイムやセージは2〜3枝くらい。

＊ケイパーは酢漬けの他、塩漬け(塩出しする)、
　きゅうりのピクルスでも代用可能。なくても
　OK。

＊和がらしを使う場合は、好みで分量を加減する。

🌑つくり方

[準備] バターは室温で柔らかくする。
1. すべての材料をフードプロセッサーで
　撹拌する。塩、こしょうで味をととのえ
　る。
2. クッキングシートで筒形に包み、両端
　はキャンディのようにねじる。冷蔵庫
　で冷やし固める。

3. 固まったらシートごと1cm厚さくらい
　に切る。シートをはずして熱々のステ
　ーキにのせる。

じんわりとバターが溶けてきた
ところをボナペティ〜！

◎保存は、冷凍で1カ月が目安。
◎豚や鶏のローストにも合いますし、
　サンドイッチにも使えます。

牛ランプ肉の
ステーキ
Steak

🌑材料

牛ランプ肉(ステーキ用) ………… 人数分
塩、黒こしょう ………………… 適量
オリーブオイル …………………… 適量

🌑つくり方

1. 牛ランプ肉に多めに塩、こしょうをふる。
2. 強火のフライパンでオリーブオイルを
　熱し、側面も含めたすべての面に焼き
　色をつける。
3. 焼き色がついたら中火でアロゼしなが
　らじっくり火を入れる。反対側も同様に。

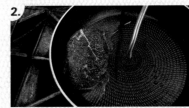

フライパンのふちの丸みを利用して、肉に厚みを出
しながら焼くと、自然ときれいな形に丸まります。

🌑この料理にはコレ！

赤ワイン コート・ド・ニュイ・ヴィラージュ
クロワ・ヴィオレット・ヴィエイユ・ヴィーニュ
Côtes de Nuits-Villages Croix Violette Vieilles Vignes
生産者:ドメーヌ・ジャン・フルニエ　Domaine Jean Fournier
生産地:フランス、ブルゴーニュ地方

コート・ド・ニュイの畑は、僕もよく行きましたよ。品種はピノ・ノワール。
バラの香りがします。うっすらとクランベリー、いちごの香りも。
エレガントな赤ワインです。

肉・牛

ローストビーフ
Rôti de bœuf

{ 調理時間　25分 }
{ 難易度　★★☆ }

肉の全面を焼き、
肉汁を閉じ込めて。
天板の焦げはおいしい
ソースに変身。

オーブンで簡単につくるロースト
ビーフの技をお教えしましょう。
肉の全面を焼き固めたら
香味野菜の上にのせてオーブンへ。
ソースのデミグラスを、我々プロは
1週間かけて仔牛の骨、野菜、
トマトペーストなどを煮込んで
つくりますが、ご家庭なら市販の
デミグラスソースで十分。
皮つきにんにくを一緒に焼いて、
皮からしごき出して牛肉につけると、
これもおいしいソースになります。
レベルをちょっと上げて、
とっておきのディナーにぜひ挑戦を。

肉・牛

🍖材料（2人前）

牛もも塊肉 ･･････････････････ 300g
A｜じゃがいも（皮つき、乱切り）･･････ 2個
　｜にんじん（皮つき、乱切り）･･････ ½本
　｜玉ねぎ（乱切り）･･････････････ ½個
　｜にんにく（皮つき）･･････････････ 3片
　｜ローズマリー（あれば）･･････････ 1枝
ソース
　｜デミグラスソース（HEINZ）･･････ 100g
　｜水 ･･････････････････････ ½カップ
塩、黒こしょう ･･････････････････ 適量
オリーブオイル ･･････････････ 大さじ1
バター（食塩不使用）･･････････････ 12g

＊肉の部位は赤身が多くて柔らかいもも肉がお
すすめ。予算に応じてヒレやサーロインでも。

🍖つくり方

1. 牛もも肉の両面に塩、こしょうを強めに
ふる。オーブンを230℃に温めておく。
2. 中火のフライパンにオリーブオイルを
熱し、牛肉の全面を焼く。Aを硬い順に
加え、野菜に焼き色をつける。
◎肉からおいしいジュースが出ないよ
うに、先に全部の面を丁寧に焼き上げ
ます。
◎野菜はつけ合わせにもするので丁寧
に焼きましょう。
3. すべてを天板に移して、オーブンで15
分ほど焼く。焼き上がった牛肉はトレ
イなどにおいてバターをのせ、アルミ
ホイルをかぶせて休ませる。野菜は皿
に盛りつける。
◎オーブンで焼く時は、肉が直接天板
にあたって焼きすぎにならないよう、
野菜をしいた上に肉をのせます。
◎300gの大きさなら10分弱でミディ
アムレア、15分でミディアムに焼ける
のでお好みで選んでください。

4. 天板に水を注いで焼き汁をこそげ取
り、フライパンに移す。強火にかけ、デ
ミグラスソースを加え混ぜる。沸騰し
てきたら中火にし、塩、こしょうで味を
ととのえる。休ませた牛肉から出た肉
汁も加え、軽くとろみがつくまで煮詰
める。
◎天板に残った焼き汁がおいしいので
水できれいに溶かしてください。

牛肉を切り分け、
ソースとこしょうをかけたら、
ボナペティ～！

◎残ったソースは、冷凍しておけばパ
スタのソースやハヤシライス、シチ
ュー、カレーなど、いろんなものに
利用できます。少量足すだけで、味
がグレードアップしますよ。

🍖この料理にはコレ！

赤ワイン シャトー・ド・ラ・リヴィエール　Château de La Rivière
生産者：シャトー・ド・ラ・リヴィエール　Château de La Rivière
生産地：フランス、ボルドー地方

メルロー主体のボルドーワインです。カシスなどのフルーツ、
黒こしょうの香りが抜群です。しっとりとした肉の食感に見事にマッチします。

りんごの煮込みハンバーグ

Steak de Hambourg

{ 調理時間　15分 }
{ 難易度　★★☆ }

濃厚ソースにりんごの
酸味が絶妙。
ハンバーグは白くなるまで
よく混ぜることでふわふわに。

リクエストの多かった
三國風ハンバーグ！
僕は15歳の時に初めてハンバーグを
食べましてね。
あまりにおいしくて、ハンバーグを
つくる料理人になりたい！　とその時
料理人を志しました。これは食育で
子供たちと必ずつくるレシピです。
りんごと玉ねぎをつけ合わせにし、
デミグラスベースのソースで軽く
煮込んで仕上げます。
ちょっぴり大人の味。
ソースが濃厚なので、酸味のある
りんごと一緒に食べると中和されて
ちょうどよい味加減になりますよ。

●材料（2人前）

ハンバーグ

合いびき肉	200g
玉ねぎ（みじん切り）	¼個
パン粉	20g
牛乳	大さじ2
卵	1個
塩・黒こしょう	適量
ナツメグ	少々
りんご（皮つき、くし形切り）	½個
玉ねぎ（厚めのくし形切り）	¼個
A ウスターソース	大さじ3
トマトケチャップ	大さじ4
デミグラスソース（HEINZ）	大さじ4
水	大さじ5
バター（食塩不使用）	10g
オリーブオイル	大さじ1

●つくり方

[準備] パン粉と牛乳を合わせてふやかし
ておく。

1. ボウルに**ハンバーグ**の具材をすべて入
　れ、手で混ぜ合わせる。
　◎玉ねぎは炒めるレシピが多いです
　が、僕は生のまま。火が入ってもシャ
　キシャキ感が残るので大好きです。
　◎ハンバーグはこねるのではなく、赤
　い肉が白っぽくなるまでよく混ぜま
　す。すると肉汁は出づらいですが、ふ
　わふわになります。これが他のハン
　バーグと違うところです。

2. 中火のフライパンにオリーブオイルを
　熱し、ハンバーグを楕円形に丸めて焼
　く。両面に焼き色をつけたら取り出す。
　フライパンの油は捨てる。

2.

フライパンのヘリを利用して形をととのえながら焼
きます。煮込むので焼き色だけつけます。

3. 同じフライパンにバターを熱し、りんご
　に焼き色をつける。玉ねぎを加えよく
　炒める。Aを加えよく混ぜる。ハンバー
　グをフライパンにもどし、上からソー
　スをかける。ふたをして弱火で5分ほ
　ど煮込む。
　◎りんごと玉ねぎは表面に火が入るく
　らいの炒め加減でOK。一緒に煮込む
　ので柔らかく仕上がります。

ボナペティ～！

肉・牛

●この料理にはコレ！

赤ワイン　**カノンコップ カデット ピノタージュ**
Kanonkop Kadette Pinotage
生産者：カノンコップ　Kanonkop
生産地：南アフリカ

ピノ・ノワールとサンソーの交配種です。カシスやプラムの香り、
ジューシーな果実味は煮込んだハンバーグと相性ぴったり。

牛肉のステーキと
グリーンペッパーソース

Steak au poivre vert

{ 調理時間　10分 }
{ 難易度　★★☆ }

濃厚なコクのあるソースに
グリーンペッパーのソフトな
辛味がアクセント。

ビストロの定番。僕も大好きです。歯ごたえのある赤身の肉のステーキに、濃厚なコクのあるソース。よく空気を入れて混ぜるので濃厚でも軽いソースです。グリーンペッパーは若いこしょうの実で、ソフトな辛味がアクセントになっておいしいです。ステーキの焼き方はミディアムレアかミディアムがいいですよ。一般的にはフライドポテトか、ヌイユ（パスタ）を添えます。本格的なフレンチのソースなので、ぜひトライしてみてください。

● 材料（1人前）

牛ヒレ肉（ステーキ用）	1枚
塩、黒こしょう	適量
オリーブオイル	小さじ2

ソース
赤玉ねぎ（みじん切り）	大さじ2
グリーンペッパー（塩水漬け）	大さじ1
コニャック（なければブランデー、ウイスキー）	大さじ1
フォン・ド・ヴォー（HEINZ）	½カップ
生クリーム	½カップ
バター（食塩不使用）	大さじ1
塩、黒こしょう	適量

＊グリーンペッパーがなければ、黒い粒こしょうを軽くつぶして使う。

● つくり方

1. 牛ヒレ肉の両面に塩、こしょうを強めにふる。
2. 強火のフライパンにオリーブオイルを熱し、牛肉の全面を焼く。焼けたら中火にし、アロゼしながらミディアムレアに焼いて取り出す。
◎面積が狭いとすぐに焼き色がつくので、焦がさないように時々フライパンを火からはずすとよいです。
3. 同じフライパンで、赤玉ねぎ、グリーンペッパーを色つかないように炒める。フォン・ド・ヴォーを加え沸騰させ、⅓量まで煮詰める。
◎同じフライパンを使うことで、肉を焼いた香りを生かします。フライパンについた焼き汁を赤玉ねぎなどできれいにしてください。
4. 生クリームを加え半量まで煮詰める。塩、こしょうで味をととのえる。コニャック、バターを加え混ぜる。牛肉をソースの中に入れ、温める。
◎ソースは煮詰めながらホイッパーで空気を入れてよく混ぜます。濃度のある軽やかなソースになります。肉汁も一緒にソースの中へ。

最後にもう一度ソースをよく混ぜてステーキにかけたら、ボナペティ～！

焼く前に、牛肉に高さを出すように側面を押さえて形をととのえると、きれいな形のステーキになります。

牛肉の側面はフライパンを少し傾けると焼きやすくなります。

◎ソースの煮詰め方は人により、料理によりいろいろ。よく煮詰めれば濃いソースができるし、中間だとちょうどいい感じ。重くしたくない時はシャバシャバくらいで止めます。プロはそのようにコントロールして味の強弱をつけます。同じレシピでも、こんなところで味が違ってくるんです。
◎余った場合は、冷蔵で翌日までに使い切ってください。

● この料理にはコレ！

赤ワイン　ドメーヌ・ド・ラ　Domaine de l'A
生産者：ドメーヌ・ド・ラ　Domaine de l'A
生産地：フランス、ボルドー地方

メルローとカベルネ・フランでできています。ラズベリーやカシスの香りが、濃厚なソースと素晴らしいマリアージュです。

フライパンで
ローストビーフ
Rôti de bœuf à la poêle

{ 調理時間　10分 }　※牛肉を休ませる時間は除く
{ 難易度　★☆☆ }

フライパン1つで簡単！
サラダやサンドイッチにも
できて便利です。

オーブンでつくるローストビーフの
下焼きよりもずっと濃い、
完成に近い焼き色をつけたら、
アロゼで内側に火を入れます。
後は30分〜1時間休ませるだけ。
この休息タイムも調理の一環で、
余熱で柔らかく焼き上げるのです。
フランスではミディアムレアの
ローストビーフをステーキのような
厚切りにして豪快に食べます！
外国産の牛肉は脂身がほとんど
ないので味はあっさり。
いくらでも食べられますね。
肉質がしっかりしているので、
噛めば噛むほど肉の味が出てきますよ。

🍖 材料（2〜3人前）

牛肉サーロイン（ステーキ用）‥‥1枚（400g）
塩、黒こしょう ‥‥‥‥‥‥‥‥‥‥‥適量
オリーブオイル ‥‥‥‥‥‥‥‥‥大さじ1

ティアン・ド・レギューム（P.116）‥‥‥適量

＊牛肉は豪州産を使用。

🍖 つくり方

1. サーロインは水分をよく拭き取り、脂身に包丁で斜めに格子状の切り目を入れる。両面に塩、こしょうを強めにふる。
2. 強火のフライパンにオリーブオイル（半量）を熱し、牛肉の脂身をしっかり焼く。脂がよく焼けたらすべての面（6面）をしっかり焼く。中火にし、残りのオリーブオイルを加えアロゼしながら焼く。
   ◎最初に脂身だけをじっくり焼くのがポイントです。脂が溶けていい香りが立ち、脂身もおいしく食べられます。
3. 牛肉を取り出し、アルミホイルで包むようにかぶせて、室温で30分〜1時間休ませる。切り分けて、軽く塩、こしょうをふる。
   ◎30分以上おくことで、余熱でジュワーッと中心まで火が入ります。休ませる時に、お好みで冷たいバターをのせればもっとしっとりと仕上がります。

ボナペティ〜！

脂身に隠し包丁を入れることで脂が溶けやすくなりカリカリに焼けます。

側面も立てて、すべての面に濃い目の焼き色をつけます。

肉・牛

◎つくっておくとサラダやサンドイッチにも利用できて便利です。

🍖 この料理にはコレ！

赤ワイン　シャトー・レアル　Château Réal
生産者：シャトー・レアル　Château Réal
生産地：フランス、ボルドー地方

カベルネ・ソーヴィニヨンとメルローです。
カシスとチョコレートの味が若干しますよ。

ノルマンディー風カルボナード

Carbonnade normande

{ 調理時間 ・ 140分 }
{ 難易度 ★★☆ }

牛肉の黒ビール煮込み。
ビールも飲んで苦味×苦味の調和。

カルボナードはもとは
ベルギーの郷土料理。
牛肉をスパイス、パン、ビールで
甘く煮込むのですが、
北フランスのノルマンディー風には
シードルビネガーも入ります。
苦味がきいてさっぱりと
召し上がれます。
ビールとてんさい糖の風味が
きいて非常にいい味が出ています。
玉ねぎも肉もとろっとろ。
これにバターライスや平麺の
ヌイユ、温野菜などを添えれば
ボリューム満点です。
ぜひ黒ビールと一緒に
味わってみてください。

肉・牛

●材料(4〜6人前)

牛バラ塊肉(煮込み用、5cm角に切る)
.... 700g

A | 玉ねぎ(1cm厚さの輪切り) 3個
　 | てんさい糖(なければはちみつ)
　 | 大さじ1
　 | シードルビネガー(なければりんご酢、米酢)
　 | .... 大さじ1 ½
　 | 黒ビール .... 1 ¾カップ
　 | 水 .... ひたひたの量
　 | クローブ 2個
　 | ローリエ 1枚
　 | タイム .... 少々

小麦粉 .... 大さじ1 ½
塩、黒こしょう .... 適量
オリーブオイル 大さじ1
バター(食塩不使用) 15g

＊牛肉は赤身の多い豪州産がおすすめ。
＊ビールが好きな方は、具材がひたひたになる
　まで入れても。
＊シードルビネガーの代わりにりんごジュース
　を入れて砂糖を使わない方法でもよい。

●つくり方

1. 牛バラ塊肉の両面に塩、こしょうを強めにふる。中火の鍋にオリーブオイルを熱し、牛肉に焼き色をつける。
　◎強めに焼き色をつけます。
2. 小麦粉を加えよく炒める。Aを加え沸騰させる。軽くアクを取り、ふたをして2〜3時間煮込む。
3. 仕上げにバターを入れ、塩、こしょうで味をととのえる。

ボナペティ〜!

●この料理にはコレ!

 キリン一番搾り〈黒生〉
生産者:キリンビール

僕は苦いビールが大好きです。苦い料理に苦味のきいたビールを合わせると、
不思議なことに苦味が和らぎ、口の中がリフレッシュしますよ。

牛ほほ肉の赤ワイン煮
Joue de bœuf

{ 調理時間　200分 } ※マリネする時間は除く
{ 難易度　★★☆ }

フランス三ツ星レストランの まかない。一晩マリネして 赤ワインに肉と野菜の香りをつける。

安い部位を赤ワインでマリネして
煮るのがポイント。
ワインに肉と野菜の香りをつけ、
同時に肉にワインの風味を
染み込ませて柔らかくします。
この調理法がとてもフランス的で
素晴らしい味になります。
牛ほほ肉は煮込むと本当に
柔らかくなり、玉ねぎも
半分溶けた感じで
おいしくなっているんですね。
これにパスタを合わせたのが、
僕が働いた「トロワグロ」や
「ジラルデ」のまかないです。
時間をかける料理なので、
週末にチャレンジしてはいかがでしょう。

● 材料（4～6人前）

牛ほほ肉	1.2kg
A　玉ねぎ（芯を残してくし形切り）	
	2個
にんじん（乱切り）	2本
にんにく	2片
タイム	適量
ローリエ	適量
赤ワイン	750ml（1本）
トマトペースト（KAGOME）	3袋（54g）
小麦粉	適量
塩、黒こしょう	適量
オリーブオイル	大さじ1
バター（食塩不使用）	30g

＊牛バラ肉や肩肉、また煮込み用と書かれている筋が入った部位を使う。

＊ステーキにはローズマリー、煮込みには甘い香りのするタイムがぴったり。

＊赤ワインは安いもので結構。甘口ではなく辛口を。もともとはブルゴーニュワインでつくる料理だが、高価なのでチリや南アフリカ産のしっかりしたワインもおすすめ。レストランでは、赤ワインを飲んで残ったものを溜めて、ワインビネガーをつくったり、煮込みに使う。

● つくり方

1. 牛ほほ肉は外側を覆っている筋を取り、5cm角に切って、両面に塩、こしょうを強めにふる。ボウルにAと一緒に入れ、冷蔵庫で一晩マリネする。
◎こしょうは多めがおすすめです。ラップをかけて手で押さえ、具材がしっかり汁に浸かるようにします。

2. 1.をザルにあけて具材とマリネ液に分ける。肉の水気をよく切って小麦粉をまぶす。強火の鍋にオリーブオイルを熱し、牛肉に焼き色をつける。
◎肉を焼くというよりも小麦粉を焼くイメージでカリッと焼くことです。

3. マリネした残りの具材、トマトペーストを加え炒める。マリネ液を加え沸騰させる。軽くアクを取り、ふたをして弱火で3時間～3時間半コトコト煮込む。塩、こしょうで味をととのえて、仕上げにバターを加える。
◎トマトペーストはさっと焼くことで酸味を飛ばし風味を出します。
◎マリネ液で具材がひたひたにならない時は水を加えてください。鍋の側面についた焦げをよく落として汁に混ぜます。

ボナペティ～！

肉・牛

◎バターライスやじゃがいものピューレ（P.119）も合います。じゃがいものピューレは、肉にバターがのっかっているようでおいしいです。煮込みをつくりおいて、つけ合わせを変えて楽しむのもいいですね。

牛タンと山わさびソース
Langue de bœuf sauce raifort

{ 調理時間　200分 }
{ 難易度　★★☆ } ※冷蔵庫で寝かせる時間、室温にもどす時間は除く

牛タンの1本茹で！
とろとろになるまで茹でたら
冷ましながら味を染み込ませる。

牛タンはシチューが有名ですが、
これはベーシックな茹で肉です。
香味野菜と一緒に4時間ちかく茹で、
一晩寝かせて冷製でいただきます。
タンも野菜も簡単に崩れるくらいに
柔らかく、噛む必要がないくらいです！
牛タンがお好きな方には
たまらないでしょうね。下には
マヨネーズ、醤油、香りづけの
山わさび（ホースラディッシュ）を
混ぜたソースをしきます。
牛タンに塗って食べてください。
見た目はちょっと色気がないですが、
味も食感も秀逸です。

●材料

肉・牛

牛タン塊肉（皮なし）・・・・・・・・・・・・・・・・・・ 1本
玉ねぎ ・・・・・・・・・・・・・・・・・・・・・・・・・・・・・・ 1個
にんじん ・・・・・・・・・・・・・・・・・・・・・・・・・・・・ 1本
クローブ（丁字）・・・・・・・・・・・・・・・・・・・・・ 5本
ブーケガルニ（ドライ、ティーバッグタイプ）
・・・・・・・・・・・・・・・・・・・・・・・・・・・・・・・・・・・・・ 1袋
水 ・・・・・・・・・・・・・・・・・・・・・ ひたひたの量
ソース（2人前）
　ホースラディッシュ（なければチューブ）
　・・・・・・・・・・・・・・・・・・・・・・・・・・・・・・・・・ 適量
　マヨネーズ ・・・・・・・・・・・・・・・・・ 大さじ6
　醤油 ・・・・・・・・・・・・・・・・・・・・・・・・ 大さじ1
塩、黒こしょう ・・・・・・・・・・・・・・・・・・・・・ 適量

●つくり方

1. 牛タンは水分をしっかりと拭き取り、塩、こしょうをふる。玉ねぎにクローブを刺す。
　◎この塩、こしょうは普通の量で。

2. 鍋にソース以外の材料をすべて入れ沸騰させる。軽くアクを取り、弱火で3時間～3時間40分、牛タンがほろほろに柔らかくなるまでコトコトと煮る。火からおろし粗熱を取ってから、冷蔵庫で一晩おく。
　◎1時間ほど茹でて牛タンが水面から出てきたら、ひたひたになるまで水を追加し、再度沸騰させて茹で続けます。茹で上がった後、牛タンが冷めていく間に茹で汁の味が染みていきます。

3. 翌日、室温にもどしたら、牛タンと野菜を取り出して切り分ける。その時、牛タンは裏側の根元のほうにある余分な脂を軽く切り落とす。

◎冷蔵庫から出したては冷たすぎて風味が立たないので、室温にもどしてから盛りつけます。

1.

クローブで香りをつけてちょうじ（丁字）りを合わせる、なんちゃって。

4. 食べる直前にホースラディッシュをすりおろし、ボウルにソースの材料を合わせる。

皿にソースをしいて牛タンと
野菜を並べたら、ボナペティ～！

◎皮つきの牛タンの場合は、水にさらして茹でてから皮をむくと簡単です。
◎茹で汁はコンソメのような味と香りが出ています。捨てないでスープやおじやをつくったり、カレーに入れたりと利用しましょう。

●この料理にはコレ！

赤ワイン　**ブルゴーニュ ピノ・ノワール**　Bourgogne Pinot Noir
生産者：ピエール・ボネル　Pierre Ponnelle
生産地：フランス、ブルゴーニュ地方

さくらんぼの香りが若干します。風味が軽くて、香りがいいです。

ビーフ・ストロガノフ
Bœuf Stroganoff

{ 調理時間　15分 }
{ 難易度　★★☆ }

薄切りの肉を
くるくる巻いて
ふっくら肉厚に。

簡単、三國流ビーフ・ストロガノフです。
もとはロシアの料理ですが、
フランスでもよく食べられています。
基本は牛肉、玉ねぎ、きのこの
煮込みで、最後にサワークリームや
ヨーグルトなどを混ぜて
さわやかさを出します。
肉は切り落とし肉のような
安いもので十分。くるくると丸めて
棒状にすると厚みが出るので、
硬い肉でもふっくら
煮上がりますよ。ソースの
隠し味に醤油を入れています。
白いご飯にもばっちり合って、
高級な洋食って感じです。

◉材料（2人前）

牛肉（薄切り）‥‥‥‥‥‥‥‥‥‥ 200g
玉ねぎ（くし形切り）‥‥‥‥‥‥‥ ⅓個
エリンギ（棒状切り）‥‥‥‥‥‥‥ 2本
にんにく（みじん切り）‥‥‥‥ 小さじ½
ソース
　デミグラスソース（HEINZ）‥‥‥ 180g
　トマトケチャップ‥‥‥‥‥‥‥ 大さじ2
　醤油‥‥‥‥‥‥‥‥‥‥‥‥‥ 大さじ1
　牛乳‥‥‥‥‥‥‥‥‥‥‥‥‥‥ 30ml
　水‥‥‥‥‥‥‥‥‥‥‥‥‥‥ ½カップ
サワークリーム（なければヨーグルト）
‥‥‥‥‥‥‥‥‥‥‥‥‥‥‥‥ 大さじ4

バター（食塩不使用）‥‥‥‥‥‥‥‥ 12g
パセリ（みじん切り）‥‥‥‥‥‥‥‥ 少々
オリーブオイル‥‥‥‥‥‥‥‥‥ 大さじ1
小麦粉‥‥‥‥‥‥‥‥‥‥‥‥‥‥ 適量
塩、黒こしょう‥‥‥‥‥‥‥‥‥‥ 適量

＊きのこの種類は自由に。

◉つくり方

1. 牛肉の片面に軽く塩、こしょうをふり、
くるくると棒状に巻いて小麦粉をまぶ
す。
◎後でバラバラにほぐれないように丸
めましょう。小麦粉をつけて焼くと香
ばしくなります。

2. 中火のフライパンにオリーブオイルを
熱し、牛肉をカリッと焼く。表面に焼き
色がついたら皿に取る。

3. 同じフライパンで、玉ねぎ、エリンギを
炒める。にんにくを加え炒める。**ソー
ス**の材料を加えよく混ぜる。牛肉をも
どして3分煮込む。
◎同じフライパンで炒めると、オリー
ブオイルや牛肉の味と香りが野菜に移
ります。にんにくは最初に入れると焦
げてしまうので必ず最後に入れます。

4. 仕上げにサワークリーム、バターを加
え、よく混ぜる。
◎サワークリームは軽く混ぜてから入
れると分離しにくくなりますよ。

パセリをふったら、
ボナペティ～！

肉・牛

◉この料理にはコレ！

赤ワイン　**クール・コースト ピノ・ノワール　Cool Coast Pinot Noir**
生産者：ヴィーニャ・カサ・シルヴァ　Viña Casa Silva
生産地：チリ

いちごとシナモンの香りがあります。果実味もさわやかな酸味を
持っていてビーフ・ストロガノフにぴったりです。

ベアルネーズソース
Sauce béarnaise

{調理時間　10分}　※澄ましバターをつくる時間は除く
{難易度　★★★}

温かいマヨネーズ！
バターの上澄みだけを
使うのがポイント。

超本格的なフレンチのソースですよ。
「温かいマヨネーズ」という感じで
ビネガーの酸味がきいてます。
ステーキの定番ソースですが、
自家製マヨネーズ（P.122）よりも
難しいです。でも、家庭用に
簡単にしましたから、
ぜひ挑戦してくださいね。
肉だけでなく、魚介にも合う
万能なソースですから。
今回のステーキも、脂の少ない
外国産の牛肉を使っています。
よく噛み締めなければいけませんが、
噛めば肉の風味が強く感じられ、
量もたくさん食べられますよ。

肉・牛

●材料（2人前）

白ワイン ……………………………… 大さじ1
白ワインビネガー（なければ米酢）
　…………………………………… 大さじ1
玉ねぎ（みじん切り） ……………… 大さじ1
にんにく（すりおろす） …………… 小さじ½
溶き卵 ………………………………… 1個分
澄ましバター
　…… 50g {※バター（食塩不使用）67g}
パセリ（みじん切り） ……………… 適量
塩、黒こしょう ……………………… 適量

牛ステーキ（P.13） ………………… 人数分

＊本来はエシャロットだが、家庭用なら玉ねぎ
　で十分。
＊本来は卵黄でつくるが、家庭用に全卵を使用。
＊本来はエストラゴンというハーブを使うが、
　パセリで代用。

●つくり方

[準備] 電子レンジでバターを溶かし、し
ばらく放置する。白い液体が沈殿したら、
上澄みを澄ましバターとして使う。
　◎バターの上澄みでつくるのがベアル
ネーズソース最大のポイントです。

1. 鍋に白ワイン、白ワインビネガー、玉ね
ぎを入れ、一度沸騰させて煮詰める。
　◎水分がなくなる寸前くらいまで煮詰
めて味を凝縮させます。

2. 弱火にし、ホイッパーで混ぜながら卵
を少しずつ加える。にんにくを加え、
塩、こしょうをふる。
　◎ダマにならないようによく混ぜなが
ら卵で濃度をつけていきます。

3. 混ぜながら澄ましバターを少しずつ加
え乳化させる。仕上げにパセリを加え、
塩、こしょうで味をととのえる。
　◎分離しないように少しずつバターを
加えます。マヨネーズをつくる要領で
す。

ステーキの上にたっぷりかけて、
ボナペティ〜〜！

◎卵を使っているため、つくった日に
使い切ってください。

●この料理にはコレ！

赤ワイン　シャトー・ラグランジュ　Château Lagrange
　　　　生産者：シャトー・ラグランジュ　Château Lagrange
　　　　生産地：フランス、ボルドー地方

濃くて、しっかりとした渋みがあり、牛肉に負けない風味を
もっています。僕は大好きです。

アンチョビバター
Beurre d'anchois

{ 調理時間　3分 }　※バターを室温におく時間は除く
{ 難易度　★☆☆ }

アレンジもいろいろ、混ぜるだけの万能ソース！

市販のアンチョビと
バターを混ぜるだけ！
塩味がついているので調味料も
必要ありません。
魚料理だけでなく肉にも合うし、
ガーリックトーストやドレッシングに
混ぜてもおいしいです。
いろんな応用もありますが、
まずはシンプルなスタンダードを
覚えましょう。
まとめてつくってストックしておけば、
いつでも簡単フレンチができます。

◉材料（4〜6人前）

アンチョビ ……………………………… 20g
バター（食塩不使用） ……………… 70g
レモン汁 ………………………………… ½個分

◉つくり方

[準備] バターは室温におき、ポマード状
にしておく。
1. フードプロセッサーですべての材料を
　撹拌する。冷蔵庫で冷やし固める。
　◎フードプロセッサーがなければ刻ん
　で混ぜる方法でも結構です。アンチョ
　ビの塩分があるので塩、こしょうはい
　りません。

ステーキにたっぷりのせたら、
ボナペティ〜！

◎保存はクッキングシートに包んで
　筒状にし、冷凍で1カ月が目安。
◎玉ねぎを入れたり、パセリなどいろ
　んな香草を入れて香りを楽しんだ
　り、ビーツを入れて赤くしたり、い
　ろいろに応用できます。

ステーキと
ミニトマトのソテー
Steak au tomates cerises sautées

{ 調理時間　5分 }
{ 難易度　★☆☆ }

◉材料

牛肉（ステーキ用） ………………… 人数分
ミニトマト ……………… 1人分約10個
塩、黒こしょう ……………………… 適量
オリーブオイル ……………………… 適量

◉つくり方

ステーキを焼き（P.13参照）、最後にミニ
トマトを加え、軽く焼き色がつく程度に
さっと炒める。

赤身肉に濃厚ソースを合わせる理由

黒毛和種に代表されるように、日本
の牛肉は「サシ」といわれる網目状
の脂が入っているものが多く、片やフ
ランスなどヨーロッパではサシのない
赤身主体の肉が中心です。和牛は脂
の味がごちそうですから、塩、こしょ
う、レモン汁などでシンプルに調味
するのが一番ですが、赤身の多い肉
は脂が少ない分、硬いので、よく噛
み締めて染み出てくる肉のエキスを
味わいます。そこにバターや酒などを
ふんだんに使った濃厚なソースを添
えれば、コクやなめらかさが加わり、
肉のエキスが力強い肉の味わいとな
ってロいっぱいに広がります。多様な
ソースが生まれたのはこうした素材の
特性を生かす知恵でもありました。

肉・牛

◉この料理にはコレ！

赤ワイン **アバディア・デ・ポブレ ティント**　**Abadia de Poblet Tinto**
生産者：アバディア・デ・ポブレ　Abadia de Poblet
生産地：スペイン

品種はトレパットやテンプラニーリョなど4種類。
白こしょうの香りやプルーンの熟成した味わいなど
濃厚な風味です。ステーキにぴったりです。

ミートボールのトマト煮

Boulettes de viande

{ 調理時間　25分 }
{ 難易度　★★☆ }

ミートボールを
直接ソースに入れると
ふっくらとした仕上がりに。

フライパンで勝手にできてしまう、
というくらい簡単ですよ。
ミートボールはつなぎが卵しか入って
いないので、肉そのものっていう感じ。
味が力強いです。それでいて、
やさしく丸めて直接トマトソースに
入れて煮るので、
食感はふっくら軽いです。
ソースも肉の味や香りとの
相乗効果で素晴らしくおいしい。
水は一切使わず、トマトだけの水分で
つくっているので味と香りが
凝縮しています。

肉・牛

◉材料（2人前）

ミートボール

牛ひき肉	200g
玉ねぎ（みじん切り）	¼個
マッシュルーム（軸までみじん切り）	4個
卵	1個
ブーケガルニ（ドライ）	少々
粉チーズ	40g
塩、黒こしょう	適量
トマト缶（カット）	1缶（400g）
にんにく（みじん切り）	½片
塩、白しょう	適量
オリーブオイル	大さじ2
バジル	適量

◉つくり方

1. ボウルに**ミートボール**の材料を混ぜ合わせる。冷蔵庫に入れてタネを締めておく。
   ◎ブーケガルニは香りづけなので少々で。コシが出てねっとりするまでよく混ぜてください。少し冷やすと丸めやすくなります。
2. 鍋にオリーブオイルとにんにくを熱し、香りを出す。トマトを加え、軽く塩、こしょうをする。
   ◎オリーブオイルは少し残しておいてください。
3. 沸騰したら弱火にし、手にオリーブオイルをつけて**1.**を丸めて加える。ミートボールの上にもソースをかけ、ふたをして15分ほどコトコト煮込む。
   ◎ミートボールから白い液体が出てくれば、完全に火が通っているという合図です。

ソースをしいて
ミートボールをおき、
バジルを飾ったら、ボナペティ〜！

> ### 釣り師と料理人は、
> ### 気が短くないと成功しない
>
> 釣り師も料理人も「一瞬の判断が命」ってことです。釣りは1時間でも2時間でもじーっと待たないといけないことがある。そんな時に、突然獲物がかかる。その瞬間にどう判断し、どう動くかが勝負ですよね。料理人の仕事も、切り方が遅かったり、火の入れ方がもたもたしていたら、材料の鮮度が落ちたり料理がベチャベチャになったりよいことがない。頭の働かせ方や手の動かし方に瞬発力、手際のよさが必要なんです。せっかちや気が短いくらいでないと名人にはなれない。これが僕の持論です。

◉この料理にはコレ！

赤ワイン　**ダイヤモンドラベル シラーズ**　Diamond Label Shiraz
生産者：ローズマウント・エステート　Rosemount Estate
生産地：オーストラリア

オーストラリアではポピュラーなシラーズ。
ブルゴーニュのようなバランスのよい飲みやすいワインです。
ミートボールにもトマトにもぴったりです。

シュー・ファルシ
Chou farci au four

{ 調理時間　40分 }
{ 難易度　★★☆ }

フランス式ロールキャベツ。
ひき肉に雑穀も入って
ボリューム満点！

キャベツで肉を包むので、
フランスでは「シュー・ファルシ
（キャベツの詰め物）」と呼びます。
日本ではトマトで煮込むことが
多いですが、このレシピは白ワインと
水で蒸し煮にします。
煮汁はあっさりしてますが、
一緒に煮るベーコンがいい味を
出しています。
詰め物にはひき肉の他に豆や
雑穀もたくさん入れているので
ボリューム満点。
もちろんソーセージを食べている
ような肉肉しさもあります！

◉材料（6人前）

キャベツ（塩茹で）‥‥‥‥‥‥‥‥‥大3枚
詰め物
　豚ひき肉‥‥‥‥‥‥‥‥‥‥‥‥300g
　玉ねぎ（みじん切り）‥‥‥‥‥‥½個
　にんにく（みじん切り）‥‥‥‥‥1片
　セージ（葉を刻む）‥‥‥‥‥‥‥少々
　豆と穀物のミックス（キューピー）
　　‥‥‥‥‥‥‥‥‥‥‥‥80g（2袋）
　バゲット（薄切り、なければ食パン）‥‥‥3枚
　うま味出汁（P.107）‥‥‥‥‥‥¼カップ
　ナツメグ‥‥‥‥‥‥‥‥‥‥‥適量
厚切りベーコン（2等分）‥‥‥‥‥6枚
白ワイン（なければ日本酒）‥‥‥‥¼カップ
水‥‥‥‥‥‥‥‥‥‥‥‥‥‥‥¼カップ
バター（食塩不使用）‥‥‥‥40g + 適量
塩、黒こしょう‥‥‥‥‥‥‥‥‥適量

＊お好みで牛ひき肉や合びき肉でも。
＊セージはフレッシュがなければドライ。
＊フランスではセージを使う料理にナツメグは
　入れないが、日本人はナツメグが好きなので
　入れている。

◉つくり方

[準備] バゲットは小片に分けて、うま味出
汁に浸けておく。オーブンを200℃に温め
ておく。耐熱容器にバター（適量）を塗る。

1. 中火のフライパンにバター（5g）を熱し、
玉ねぎをさっと炒める。にんにく、セー
ジを加え、軽く塩、こしょうをふる。軽
く炒めたら取り出して粗熱を取る。
◎オーブンに入れるので玉ねぎは甘味
を少し引き出す程度に炒める。僕は玉
ねぎの辛みが好きなのでほぼ生のまま
使います。
◎粗熱を取る際はトレイに薄く広げ
て、トレイの下に木べらなどをあてが
って空間をつくると冷めやすくなりま
すよ。

2. ボウルに豚ひき肉を入れ、軽く塩、こし
ょうをふり混ぜる。残りの**詰め物**の材
料を加え混ぜる。再び軽く塩、こしょ
うをふり、よく練る。
◎よく練るとしっとり仕上がります。

3. キャベツの芯を取り、葉を芯のところで
半分に切る。芯は細かく切り、**2.**に加
え混ぜ6等分にする。ラップにキャベ
ツをおき、詰め物をラップごと包む。
◎キャベツが破れたら2枚重ねでも結
構です。キャベツの芯はもったいない
ので使いましょう。こりこりして一番
おいしいところですよ。もし混ぜ忘れ
たら**4.**でベーコンと一緒に入れても
OK。

3.

キャベツで包んでからラップごと包むときれいに丸
まります。

↓

おにぎりをつくる時のように、ラップをねじって上
からぎゅっと手で押さえます。

4. 耐熱容器に並べ、ベーコン、白ワイン、
水を加え、バター（35g）をちぎってのせ
る。オーブンで焼き色がつくまで20
〜23分蒸し煮にする。

ボナペティ〜！

◎フランスではキャベツで包んだ後、
　崩れないように紐で縛ることもあ
　ります。

肉・豚

◉この料理にはコレ！

赤ワイン	ピリネンカ・テンプラニーリョ　Pirinenca Tempranillo
	生産者：ライマット　Raimat
	生産地：スペイン

カシスのやさしい風味があり、軽いタッチです。
ベーコンの燻製との相性がいいですね。

シュークルート
Choucroute facile

〔調理時間　25分〕
〔難易度　★★☆〕

クミンなどの
スパイスが絶妙！
冷めてもおいしいので
つくりおきにも。

肉・豚

ドイツ料理のザワークラウトは、
フランス語で「シュークルート」と
言います。アルザスでは
郷土料理として定着しています。
本格的につくると、塩漬けして
発酵させたキャベツを使うので
時間がかかりますが、
これは家庭用の簡単バージョン！
白ワインとビネガーで煮込む早業です。
味つけに欠かせないのはクミンで、
絶妙な味になりますよ。
本来のシュークルートは
味にパンチがありますが、
これはデリケートで上品です。

🍴材料（2人前）

キャベツ（せん切り）………………… ¼個
玉ねぎ（厚めのスライス）………… ½個
にんにく（みじん切り）……………… 1片
ソーセージ ………………………… 4本
ベーコンブロック（1cm厚さに切る）…… 60g
A ┌ 白ワイン ……………… ½カップ
　│ 白ワインビネガー（なければ、米酢）
　│ ……………………… ¼カップ
　│ クミン ………………… 小さじ½
　└ ローリエ ……………… 1枚
塩、黒こしょう ……………………… 適量
オリーブオイル ……………… 大さじ1
粒マスタード ……………………… 適量

＊ソーセージは伊藤ハム「ベルガヴルスト」の
　ブラックペッパーを使用。
＊クミンの他に、ジュニパーベリーやキャラウ
　ェイシードなどでも。

🍴つくり方

1. 中火のフライパンにオリーブオイルを
　熱し、玉ねぎがしんなりするまで炒め
　る。途中でにんにくを加え、塩、こしょ
　うをふる。
　◎白く仕上げる料理なので、玉ねぎは
　色をつけないようにじっくり炒めて甘
　みを出します。にんにくは最初に入れ
　ると焦げるので後から入れます。
2. Aを加えたら、ソーセージ、ベーコンを
　のせ、その上にキャベツをかぶせる。
　ふたをして弱火で10分煮る。

3.

フライパンの底に水分が少し残るくらいが火を止
める目安。これくらいがおいしいと思います。

3. 全体をなじませ、再びふたをして弱火
　で5分ほど煮る。塩、こしょうで味をと
　とのえる。
　◎ソーセージとベーコンに塩分がある
　ので、味は薄いかなというくらいで大
　丈夫です。

粒マスタードを添えたら、
ボナペティ〜！

豚肉のエスカロップと マスタードソース

Escalopes de porc sauce à la moutarde

〔調理時間　10分〕
〔難易度　★★☆☆〕

忙しい日でもサッと つくれるごちそう！ ご飯が止まりません。

エスカロップとは「薄切り肉」のこと。
フランスで薄切り肉は売られていなくて、
薄くても日本のロース肉2枚分
ぐらいの厚さ。だから、
肉叩きで薄く叩き伸ばして調理します。
あっという間に火が通りますから、
帰宅直後に時間がない時などサッと
つくれて絶対重宝します。
マスタードと生クリームのソースは、
フランス人なら誰もが好きな鉄板の
組み合わせですね。
あっさりしていてペロッと
いけちゃいます。白いご飯や
パスタがめちゃくちゃ合いますよ。

🍳材料 (2人前)

豚ロース肉 (とんかつ用)‥‥‥‥‥‥2枚
マスタードソース
 赤玉ねぎ (なければ普通の玉ねぎ、みじん切り)
 ‥‥‥‥‥‥‥‥‥‥‥大さじ1
 白ワイン (なければ日本酒)‥‥‥¼カップ
 生クリーム‥‥‥‥‥‥‥‥180ml
 ディジョンマスタード (なければ和がらし)
 ‥‥‥‥‥‥‥‥‥‥‥大さじ2
 パセリ (みじん切り)‥‥‥‥‥‥1本
バター (食塩不使用)‥‥‥‥‥‥‥30g
塩、白こしょう‥‥‥‥‥‥‥‥‥適量

＊和がらしを使う場合は、量を減らす。

🍳つくり方

1. 豚ロース肉は、肉叩きかラップを巻いた瓶を使って叩き、生姜焼き用よりも少し厚いくらいに伸ばす。包丁の刃元を使い、筋をできるだけ小刻みに叩いて切る。両面に軽く塩、こしょうをふる。
◎ただ叩くのではなく広げるように叩いてください。筋は焼くと縮むので、脂身の脇にある筋を切ります。薄くした肉なので塩、こしょうは軽くで大丈夫です。

2. 強火のフライパンにバター (半量) を熱し、バターが色づき始めたら豚肉を焼く。裏返して反対側も同様に。皿に盛りつける。
◎バターが溶けて茶色になり始めたら強火になったサインです。肉が薄いとすぐ火が入るので、短時間で香ばしく焼きます。脂身はフライパンによく押しつけて焼いてください。

3. すかさず同じフライパンを弱火にして、赤玉ねぎを軽く炒める。白ワインを加え、強火にして沸騰させる。マスタード、生クリーム、残りのバターを加え、ホイッパーでよく混ぜながら再沸騰させる。仕上げにパセリを加える。

ソースをたっぷりかけたら、
ボナペティ〜！

◎マスタードソースは魚ならサバにも合います。

肉・豚

🍳この料理にはコレ！

白ワイン　コート・デュ・ローヌ　Côtes du Rhône
生産者：ルイ・ベルナール　Louis Bernard
生産地：フランス、ローヌ地方

コート・デュ・ローヌらしい、かりんやかすかなオレンジの香りがします。
とてもおいしいです。

豚ヒレ肉のパイ包み焼き
Filet mignon en croûte

{ 調理時間　90分 }
{ 難易度　★★☆ }

ハレの日に！サクッときれいに焼くポイントは焼く前に冷やすこと。

パイ包み焼きは
手間がかかり焼き方が難しいんですが、
フランスでは一般的な
家庭料理なんですよ。
冷凍パイシートを使えば簡単に
上手にできます。ポイントは、
パイ生地を冷やして締めた状態で
焼くこと。生地を伸ばした後も、
豚肉を包んだ後も、冷蔵庫で
冷やすことでサクッとおいしく
焼き上がります。詰め物のチーズの
風味がアクセントになり、
ソース代わりにもなります。
友達を招いた時や誕生会などの
ハレの日に、どうぞトライしてください。

肉・豚

材料（4〜6人前）

豚ヒレ塊肉 ························· 200g
玉ねぎ（厚めのスライス） ············ ½個
しいたけ（軸つきを厚切り） ··········· 5個
フレーバーチーズ（にんにく味） ······· ½個
冷凍パイシート ····················· 2枚
溶き卵 ·························· 1個分
塩、こしょう（黒・白） ··············· 適量
オリーブオイル ··················· 大さじ1
小麦粉（打ち粉） ·················· 適量

＊フレーバーチーズは「ブルサン ガーリック＆
　ハーブ」を使用。
＊パイシートはニップン製がおすすめ。
＊きのこの種類はなんでも。
＊本来、塗り卵は卵黄だが、家庭用に全卵を使用。

つくり方

[準備]パイシートを室温にもどし、倍くら
いの大きさに伸ばして冷蔵庫で冷やして
おく。オーブンを180℃に温めておく。

1. 豚ヒレ肉に塩、黒こしょうをふる。
2. 中火のフライパンにオリーブオイル（⅓
   量）を熱し、玉ねぎを炒め、軽く塩、白こ
   しょうをふる。しんなりしたら取り出
   す。同じフライパンでオリーブオイル
   （⅓量）を熱し、しいたけを炒め、軽く塩、
   白こしょうをふる。しんなりしたら取
   り出す。
   ◎オイルが少なめなのでフッ素樹脂加
   工のフライパンで炒めてください。
   ◎玉ねぎは色をつけないように炒めます。
3. 同じフライパンに残りのオリーブオイ
   ルを熱し、豚肉の全面に焼き色をつけ
   る。粗熱が取れたら、2.と一緒に冷蔵
   庫で冷す。
   ◎豚肉の表面を焼いて肉汁を閉じ込め
   ます。オーブンで火を通すので軽く焼
   き色をつけるだけで大丈夫です。
4. パイシートに卵をまんべんなく塗り、長
   辺を少し重ねて2枚分を並べる。中央
   にチーズを伸ばし、その上に玉ねぎ（半
   量）、しいたけ（半量）、豚肉、玉ねぎ（半
   量）、しいたけ（半量）の順で重ねる。パイ
   シートで包み、両端の余りを切り落とす。

5. 天板にクッキングシートをしき、小麦
   粉をふったら、4.をおき、全体に卵を
   塗る。切り落としたパイシートを丸め
   て麺棒で伸ばし、1cm幅の短冊状に切っ
   て飾る。再び卵を全体に塗り、冷蔵
   庫で15分ほど冷やしてからオーブン
   で30分焼く。粗熱を取る。

◎生地が柔らかいまま焼くと、浮き上
がらずベタついてしまいます。
◎焼いた後、余熱で中心まで火が入り
ます。

厚めに切り分けたら
ボナペティ〜！

◎4.で切り落としたパイシートは、使
わなければ、また冷凍保存して別の
料理で使えます。

この料理にはコレ！

赤ワイン ラパッシオ プリミティーヴォ・デル・サレント
Lapaccio Primitivo del Salento
生産者：パスクア　Pasqua
生産地：イタリア、プーリア州

プリミティーヴォという品種で、スパイシーで黒こしょうの香りが
ピリッとします。あっさりした豚肉料理にぴったりですね

ロ一ストポーク
Rôti de porc au four

{ 調理時間　60分 }
{ 難易度　★★☆ }

ジューシーな焼き上がり！
野菜は皮つきのまま焼いて
ホクホクに。

豚は肩ロースを使いますが、
柔らかくてしかも弾力のある
焼き上がりがとてもリッチですよ。
一緒にローストする野菜はすべて
皮つき！皮にガードされてホクホク、
とろとろに焼けて、皮自体も
おいしいです。天板にたまった
ジュ（焼き汁）は、このままで
十分においしいソースになります。
焼きっぱなしにジュをかけて、
マスタードを添えれば完璧です。

🍖材料（4人前）

豚肩ロース塊肉	500g
玉ねぎ（皮つき、横半分）	1個
にんじん（皮つき）	1本
黄にんじん（皮つき、なければ普通のにんじん）	1本
さつまいも（皮つき）	1本
にんにく（皮つき、横半分）	1株
ローズマリー（あれば）	2本
塩、白こしょう	適量
オリーブオイル	50g
ディジョンマスタード（あれば）	適量

🍖つくり方

1. 豚肩ロース肉の全面に塩、こしょうを強めにふる。オーブンを180℃に温めておく。
2. 強火のフライパンにオリーブオイル（約¾量）を熱し、豚肉の表面をカリッと焼く。
   ◎表面をカリッと焼くことで、肉汁を外に逃しません。
3. 天板に残りのオリーブオイルをしいたら、野菜、豚肉、ローズマリーを並べ、2.でフライパンに残った油をかける。オーブンで30分ほど焼く。途中15分くらいで、玉ねぎとにんにく以外を裏返しにする。焼き上がったら、ホイルをかぶせて室温で15分ほど休ませる。
   ◎休ませると、余熱で火が通ってジュワッとジューシーになり、柔らかく仕上がります。

3.

玉ねぎとにんにくは断面を下にして並べます。

4. 玉ねぎとにんにくは皮を取る。豚肉と野菜は食べやすい大きさに切って盛りつけたら、天板にたまった焼き汁をかける。

マスタードを添え、
ローズマリーを飾ったら、
ボナペティ～！

肉・豚

🍖この料理にはコレ！

赤ワイン　レイシス・デ・テンプラニーリョ　Raices de Tempranillo
生産者：ボデガス・サン・アレハンドロ　Bodegas San Alejandro
生産地：スペイン

ローストポークには軽い赤ワインが合います。
このワインは非常に軽くてさわやか、フルーティーです。

ラムチョップの ハーブ焼き
Côtelettes d'agneau faciles

{調理時間　15分}
{難易度　★★☆}

ハーブとスパイスミックスで簡単！ 骨は手づかみでしゃぶって。

フランス料理といえば仔羊（ラム）、
というくらい欠かせない素材です。
僕の大好物！
フランス語のコートレットは骨つきの
背肉のことで、ファシールは
フランス人がよく使う「簡単！」。
仔羊はハーブを使うことが多く、
このレシピもハーブとスパイス
ミックスで香りよく焼いています。
骨のまわりは特においしいですから
手づかみでしゃぶって、
赤身肉をよく噛み締めながら
味わってくださいね。

肉
その他

🌿材料（2人前）

ラムチョップ･･････････････････4本
スパイスオイル
　イタリアンパセリ（茎まで切る）････1パック
　シーズニング〈ラムチョップ〉（GABAN）
　･･････････････････････････1袋
　オリーブオイル･････････････大さじ1
塩、黒こしょう･･････････････････適量
オリーブオイル･････････････小さじ2

＊パセリは、なければ一般的な縮みパセリでも。

＊シーズニングは、クミン、ガーリック、ブラックペッパー、アーモンド、胡麻、唐辛子のミックスを使用。

🌿つくり方

[準備] ラムチョップの両面に塩、こしょうを強めにふる。天板にアルミホイルをしき、オリーブオイル（少量）を塗っておく。

1. フードプロセッサーでスパイスオイルの材料を撹拌する。
　◎フードプロセッサーがなければみじん切りにして混ぜ合わせてください。

2. 中火のフライパンに残りのオリーブオイルを熱し、ラムをスパイスオイルがのる面から焼く。焼き色がついたら脂身を焼く。弱火にしてすべての面に焼き色をつける。
　◎焼き加減は、ミディアムレア、ミディアムなどお好みで。

3. トースターの天板に並べて、スパイスオイルをのせ、約3分焼く。
　◎香草に焼き色がついたら完成。天板に流れ出た肉汁はおいしいので忘れずにラムにかけてください。

2.

脂身の面を焼く時は、フライパンを傾け、ラムを端に寄せて立てるようにします。

ボナペティ～！

◎骨を焦がしたくなければ、オリーブオイルを塗ったアルミホイルで骨を包んで焼くと、きれいにプロっぽく仕上がります。

⚫この料理にはコレ！

赤ワイン **ラ・フルール　ポイヤック**　*La Fleur Pauillac*
生産者：カーヴ・ラ・ローズ・ポイヤック　Cave La Rose Pauillac
生産地：フランス、ボルドー地方

ポイヤックはボルドーの代表的な産地と同時に、仔羊の飼育でも有名な土地。仔羊料理には最高の組み合わせです。

鹿肉のロースト
Chevreuil rôti

{ 調理時間　60分 }
{ 難易度　★★☆ }　※ドライフルーツをもどす時間は除く

冬に食べたいジビエ料理！脂をカリカリに焼いてミディアムレアに。

冬になるとジビエ──
鹿、猪、鴨、鳩などの野禽獣が
おいしくなります。
冬を越すのに脂を蓄えるからですね。
これは一番ポピュラーなエゾ鹿の
ロースト。鉄分が豊富にあるので
女性にはとてもいいと思います。
ジビエはほとんどが赤身肉で、
焼きすぎるとパサパサします。
本来の味を楽しむには
ミディアムレアがベスト。
また風味にちょっとクセがあるので、
ジビエが山で食べているであろう
ベリー系の甘味や木の実を添えると
和らぎます。

● 材料（2〜3人前）

鹿ロース塊肉	500g

ソース

バルサミコ酢（なければワインビネガー、米酢）………大さじ3	
ドライフルーツ（ベリー系）………50g	
ミックスナッツ………30g	
赤ワイン（マリネ用）………大さじ2	
バター（食塩不使用）………30g	
塩、黒こしょう………適量	
オリーブオイル………大さじ1	

赤キャベツのマリネ（P.131）
………適量

＊エゾ鹿肉を使用。冷凍肉の場合は、冷蔵庫か
　氷水の中でゆっくり解凍する。

● つくり方

[準備] ドライフルーツは赤ワインでもどしておく。

1. 鹿肉は水気を拭き取り、脂に格子状の切り込みを斜めに入れる。両面に塩、こしょうを強めにふる。
◎脂に包丁を入れて脂身から焼き、脂分を出して焼き上げます。赤身を切らないようにやや深めに入れてください。

2. 中火のフライパンにオリーブオイルを熱し、鹿肉を脂の面からじっくり焼く。脂がカリカリに焼けたら、すべての面にアロゼしながら焼き色をつける。
◎赤身はパサパサにならないように、あまり焼きつけず、ミディアムレアにします。

3. 焼き色がついたら、余分な脂を捨てて、バターを加えアロゼする。
◎バターは焦げないように泡が立っている状態で。

4. アルミホイルで包んで室温で15〜30分休ませる。
◎休ませている間に、余熱で中心までジュワーッと火が通ります。

5. 同じフライパンでソースの材料を煮詰める。鹿肉をスライスし、出てきた焼き汁もソースに加える。鹿肉に軽く塩、こしょうをふる。

ソースの上に鹿肉を並べ、真ん中に赤キャベツのマリネをおいたら、ボナペティ〜！

◎焼き加減が心配な方は薄切りにして焼くか、オーブンで仕上げてもいいです。
◎ソースをつくらなくても、ジャムやドライフルーツをそのままお供にしてもいいですね。

肉
その他

● この料理にはコレ！

赤ワイン ザ・メントーズ・オーケストラ　The Mentors Orchestra
生産者：ケイ・ダブリュー・ヴィ　KWV
生産地：南アフリカ

カシスやブラックベリーの香りが、濃厚な風味のジビエにぴったり。
クセの強さもサッと洗い流すようにリフレッシュさせてくれます。

魚介料理

Poissons
Crustacés
Coquillages

ブールブランソース
Sauce au beurre blanc

[調理時間　8分]
[難易度　★★☆]

本格フランス料理のソース！
分離しないようにとろみをつける。

100年以上前からあるフランス料理の基本中の基本のソース。「白いバターソース」という意味です。バターのコクがあり、まろやかで、口当たりはなめらか。ワインやビネガーの酸味がきいているので、味が引き締まってくどさを感じさせません。ソースだけでも十分おいしいです。表面がカリッと焼き上がった鮭の香ばしさにぴったり。肉よりも魚の切り身、ホタテ、甲殻類などとの相性が抜群です。つけ合わせには、茹でたブロッコリーやカリフラワーがとっても合うと思います。

🌀 材料（2人前）

A	白ワイン（なければ日本酒）	90ml
	白ワインビネガー（なければ米酢）	20ml
	玉ねぎ（みじん切り）	15g
バター（食塩不使用）		100g
塩、白こしょう		適量

＊本来はエシャロットでつくるが、ご家庭では玉ねぎで十分。

🌀 つくり方

1. フライパンにAを入れ沸騰させ、半量まで煮詰める。
   ◎必ずここで煮詰めてください。バターを入れてから煮詰めると、分離する原因になります。
2. 小さく切ったバター（半量）を加え、ホイッパーで素早く混ぜる。溶けたら残りのバターも加え混ぜる。火を止めて、塩、こしょうで味をととのえる。
   ◎分離するとドレッシングのようになってブールブランとしては失敗。バターを入れたらすぐにスピーディーに混ぜながらバターと液体分を乳化させていきます。

ソースの上に鮭をおいたら、ボナペティ！

◎つくったら温かいところにおいておき、でき立てをその日に食べ切るようにしてください。
◎プロの料理人は、合わせる素材や料理の仕立て方によって煮詰め具合を微妙に変えるんです。濃度を濃くしたい時は、水分がほぼなくなるくらいまで煮詰めてしまうんですよ。
◎レストランでは最後にしますが、ご家庭ではこのままでも結構ですよ。
◎バターの量が気になる方は、半量をヨーグルトに変えてみるのもおすすめです。

鮭のポワレ
Poêlée de saumon

[調理時間　5分]
[難易度　★☆☆]

🌀 材料

鮭（切り身）	1枚
バター（食塩不使用）	20g
塩、白こしょう	適量

🌀 つくり方

1. 鮭の両面に軽く塩、こしょうをふる。
2. 強火のフライパンにバター（半量）を熱し、鮭を皮のほうから焼く。
   ◎最初に皮をカリッと焼いてください。皮が香ばしくおいしくなります。
3. 皮がパリッと焼けたら裏返して残りのバターを加え、弱火でアロゼしながらじっくり火を入れる。
   ◎バターは一度に全量を入れると焦げやすいため、2回に分けて温度を下げつつバターの香りを魚に移します。

2.

フライパンを少し傾けて、皮をフライパンの側面にあてるようにするとうまく焼けますよ。

魚介

🌀 この料理にはコレ！

白ワイン リースリング レゼルヴ　Riesling Réserve
生産者：メイエ＝フォンネ　Meyer-Fonné
生産地：フランス、アルザス地方

ちょっと甘味があってブールブランにぴったり。バターのクリーミーさが薄まることなく、相乗効果でさらにおいしくしてくれます。バッチリのマリアージュですよ。

サーモンのタルタル
Tartare de saumon

{ 調理時間　7分 }
{ 難易度　★☆☆ }

白身魚でもアレンジ OK！
パッとつくれてリッチな1品。

急いでいる時に、パッとつくれて便利な
オードブルです。しかも簡単でいて
おしゃれ。ウスターソースやタバスコも
入れますが、味つけはあっさりです。
盛りつけに組み合わせたのは
ポテトチップス！　ミシュランの三ツ星
レストランでも使っているところがあ
るくらい、これがばっちりマリアージュ
するんです。セルクルという丸い型は
100円均一の店にもあって、使うと
美しくリッチに見えますよ。
ぜひ使ってみてください。

📍材料（直径約10cmのセルクル1個分）

サーモン (刺身用)	200g
赤玉ねぎ (みじん切り、なければ普通の玉ねぎ)	
	¼個
万能ねぎ (小口切り)	3本
タバスコ	適量
ウスターソース	小さじ½
オリーブオイル	大さじ2
レモン汁	½個分
塩、白こしょう	適量
ポテトチップス	適量

＊魚はタイやスズキなどの白身やホタテでも。
＊玉ねぎの辛味が苦手な人は、水にさらすか塩
　揉みする。

📍つくり方

1. サーモンは血合いを取り除いて、粗く
　刻む。
　◎もたもたしていると手の温度が伝わ
　っておいしくなくなり、衛生的にもよく
　ないので手早く切ることが大事です。

2. ボウルにすべての材料を入れて混ぜ合
　わせる。皿にポテトチップスを並べ、
　その上にセルクルをおいてタルタルを
　入れる。スプーンで上から押さえて形
　をととのえ、セルクルを抜く。

ポテトチップスと一緒に
ボナペティ〜！

📍この料理にはコレ！

白ワイン

ゲヴュルツトラミネール ボーレン
ベルグ
Gewürztraminer Bollenberg
生産者：ヴァランタン・チュスラン
Valentin Zusslin
生産地：フランス、アルザス地方

ほのかなライチの香りがします。
ちょっと甘めですが、このレシピに
ぴったり合います。

魚介

マグロの漬けと カリフラワーライス

Thon mariné

{ 調理時間　15分 }
{ 難易度　★★☆ }　※キヌアを茹でる時間は除く

赤ワインが入った漬け汁と 仕上げの山わさびがポイント。

マグロの漬け汁に赤ワインを
入れます。これが三國流。
そしてマグロの下は酢飯代わりの
カリフラワーライス。
しかもスーパーフードのキヌア入り！
ヘルシーだから、ニューヨークの
セレブが主食にしているそうですよ。
カリフラワーのつぼみのつぶつぶを
サッと炒めると、ご飯と
同じ食感になるから不思議です。
歯ごたえがあっておいしいです。
薬味はすりおろした山わさび——
北海道産のホースラディッシュで、
ピリッとした辛みが決め手です。

●材料(2人前)

マグロ (刺身用、薄切り) ……………… 160g
山わさび ………………………………… 適量
カリフラワー (つぼみ部分を細かく切る)
………………………………………… 180g
乾燥キヌア (茹でる) …………………… 15g
あおさのり ……………………………… 30g
白ワインビネガー ………………… 小さじ2

漬け汁

醤油 ………………………………	¼カップ
みりん ……………………………	¼カップ
赤ワイン …………………………	10ml
水 …………………………………	40ml
カツオ節 …………………………	10g

塩、白こしょう ………………………… 適量
オリーブオイル ………………… 大さじ1

＊えぞ山わさびを使用。
＊フランスではカリフラワーライスにバターを
　使うが、あっさりと仕上げるためオリーブオ
　イルで。

●つくり方

1. **漬け汁**をつくる。鍋にみりん、赤ワイン
   を入れ、中火でアルコールを飛ばす。
   醤油と水を加え、沸騰したらカツオ節
   を加えて火を止める。ザルでこし、冷
   蔵庫で冷やす。

2. 中火の鍋にオリーブオイルを熱し、カ
   リフラワーを砕きながら2〜3分炒め
   る。軽く塩、こしょうをふる。キヌアを
   加え炒める。火を止めて、あおさのり、
   白ワインビネガーを加え混ぜる。
   ◎カリフラワーは色をつけないように
   炒めます。

3. マグロを**1.**に1分漬ける。**2.**を四角い
   抜き型に詰めて、スプーンで上から押
   さえる。型を抜いた上にマグロを並べ、
   漬け汁とオリーブオイルをまわりに垂
   らす。上から山わさびをおろし器で削
   ってふりかける。
   ◎マグロは刺身用で薄いので、漬ける
   時間は1分で十分です。

ボナペティ〜！

魚介

サバイヨンソース
Sabayon

{ 調理時間　5分 }
{ 難易度　★★★ }　※澄ましバターをつくる時間は除く

魚介、ステーキ、フライにも合う万能ソース！シンプルだけどリッチな味わい。

サバイヨンにはデザート用と料理用の2種類があるんですが、今回は料理用を家庭向きにアレンジします。基本はシャンパンや白ワインを使いますが、日本酒でやってみましょう。ソテーしたホタテにとろっとしたサバイヨンをたっぷりつけていただきます。ホタテは油を一切使わずに焼くので、味がシャープ。構成は非常にシンプルですが、サバイヨンに卵と澄ましバターが入っているので味はリッチですよ。茹でたブロッコリーやカリフラワーを添えればおしゃれな1皿に。牡蠣やステーキ、フライにも合います。

● 材料（2人前）

澄ましバター
　……… 60g { バター（食塩不使用）80g }
卵 ………………………………… 2個
日本酒 ………………………… 40ml
レモン汁 ……………………… 大さじ1
塩、白こしょう ………………… 適量

＊本来は卵黄でつくるが、家庭用に全卵を使用。

● つくり方

[準備] 電子レンジでバターを溶かし、しばらく放置する。白い液体が沈殿したら、上澄みを澄ましバターとして使う。
1. ボウルに卵を入れ、ホイッパーでよく混ぜたら、軽く塩、こしょうをふる。混ぜながら日本酒を少しずつ加える。
2. フライパンで1.を湯煎にかけながら力強くスピーディーにかき混ぜる。もったりとしてきたら、分離しないように混ぜながら澄ましバターを少しずつ加える。
　◎マヨネーズをつくる要領です。バターを入れる時は、入れる人と混ぜる人の2人いるとうまくできますよ。
3. 火を止めたら、レモン汁を加え、塩、こしょうで味をととのえる。

ソースの上にホタテを並べたら、ボナペティ〜！

◎バターが入っているため温め直しはできません。でき立てを温かいうちに召し上がってください。

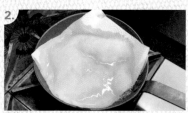
湯煎にする時、ボウルの下に布か厚めのキッチンペーパーを入れておくと、安定して混ぜやすくなります。

ホタテのソテー
Saint-Jacques sautées

{ 調理時間　3分 }
{ 難易度　★☆☆ }

● 材料

ホタテ（刺身用） ………………… 適量
塩、白こしょう ………………… 適量

＊貝柱の側面にある白い部分もおいしいのでつけたままで。

● つくり方

1. ホタテに軽く塩、こしょうをふる。
2. 強火のフライパンでホタテを焼く。両面にきれいな焼き色がついたら、火を止めて余熱で火を通す。
　◎フッ素樹脂加工のフライパンを使えば、油を一切使わなくても焦げずにきれいに焼けます。味もさわやかです。刺身用のホタテならレアでもOK。

● この料理にはコレ！

日本酒　**純米 吟風國稀**
　生産者：國稀酒造
　生産地：北海道

サバイヨンに日本酒を使ったので、日本酒を合わせます。わが故郷、増毛の國稀の純米。日本最北端の日本酒ですよ。キレがあってシャープです。

魚介

クラシックな
マスタードソース
Sauce moutarde à l'ancienne

{ 調理時間　5分 }
{ 難易度　★★☆ }

いつものマスタードが上質なソースに。
どんな魚にも合います。

このソースを1つ覚えれば
バリエーションがききますから
重宝しますよ。湯煎にすることで
スクランブルエッグのような、
なめらかな素晴らしい
でき上がりになります。
つけ合わせは、茹で野菜、
パスタ、リゾットなどを。

◉材料（2〜4人前）

ディジョンマスタード（なければ和がらし）
……………………………………… 大さじ3
バター（食塩不使用）………………… 100g
片栗粉 ………………………………… 小さじ1
熱湯 …………………………………… ½カップ
塩、白こしょう ………………………… 適量

＊マスタードの代わりに和がらしを使う場合は
¼量で。お好みで粒マスタードにしても。

◉つくり方

1. ボウルにマスタード、バターを入れ、フライパンで湯煎にかけながらホイッパーで混ぜ合わせる。
◎ボウルの下に布か厚めのキッチンペーパーを入れておくと、安定して混ぜやすくなります（P.88参照）。
2. 片栗粉を加え混ぜる。熱湯を少しずつ加えてとろみをつける。塩、こしょうで味をととのえる。

ソースの上にサバをおいたら、
ボナペティ〜！

◎温め直すと分離するので、使い切ってください。

サバのソテー
Sauté de Maquereau

{ 調理時間　5分 }
{ 難易度　★☆☆ }

◉材料（1人前）

サバ …………………………………… 1切れ
塩、白こしょう ………………………… 適量
小麦粉 ………………………………… 適量
オリーブオイル ………………………… 小さじ1

◉つくり方

1. サバの両面に軽く塩、こしょうをふり、小麦粉をまぶす。
2. 中火のフライパンにオリーブオイルを熱し、サバを皮から焼く。裏返したら、弱火でアロゼしながらじっくり火を入れる。
◎最初に皮をカリカリに焼きます。フライ返しで皮をフライパンによく押しつけて焼き色をつけてください。

魚介

◉この料理にはコレ！

白ワイン　ヤルデン・シャルドネ　Yarden Chardonnay
生産者：ゴラン・ハイツ・ワイナリー　Golan Heights Winery
生産地：イスラエル

珍しいイスラエル産で、現地ではお祝いの場で飲むことが多いそうです。
フルーティーで、洋ナシの香りがしますよ。大好きなワインの1つです。

キャベツとサーモンの ラザニア風

Lasagnes de saumon et chou vert

{ 調理時間　45分 }
{ 難易度　★★☆ }

キャベツがパスタ代わりの 簡単ヘルシーなラザニア！

ラザニアは大変そうだと思われて
いますが、これは簡単。キャベツを
パスタに見立て、キャベツ、サーモン、
ベシャメルソースを層にして
ラザニア風に焼きます。ヘルシーで
扱いも簡単。見た目よりもやさしい
上品な味でクリーミーです。
サーモンも全然ぱさつきません。
ディルとのマッチングもイイ感じです。

材料（長径18cmのパウンド型、880ml）

キャベツ（硬めに下茹で）‥‥‥‥‥‥‥‥‥4枚
玉ねぎ（厚めのスライス）‥‥‥‥‥‥‥½個
サーモン（刺身用、一口大）‥‥‥‥‥‥300g
ディル（みじん切り）‥‥‥‥‥‥‥‥‥少々
ベシャメルソース
　牛乳‥‥‥‥‥‥‥‥‥‥‥‥‥‥‥2カップ
　バター（食塩不使用）‥‥‥‥‥‥‥‥30g
　小麦粉‥‥‥‥‥‥‥‥‥‥‥‥‥‥‥30g
粉チーズ‥‥‥‥‥‥‥‥‥‥‥‥‥‥適量
塩、白こしょう‥‥‥‥‥‥‥‥‥‥‥適量
オリーブオイル‥‥‥‥‥‥‥‥‥‥小さじ2

魚介

つくり方

[準備] 牛乳を人肌に温めておく。オーブンを180℃に温めておく。

1. キャベツは葉をざく切り、芯を1cm幅に切る。サーモンは片面にだけ軽く塩、こしょうをふる。
2. 中火のフライパンにオリーブオイルを熱し、サーモンを血合いのあるほうから焼く。玉ねぎを加えさっと炒める。サーモンを裏返して軽く火を入れる。バットに取り出し、ディルを加え混ぜる。
　◎血合いのある面は少し火が通りにくいので先に焼きます。オーブンで火を入れるので中はほとんど生でOK。玉ねぎも香りを出す程度に軽く炒めます。
3. 同じフライパンでベシャメルソースをつくる（P.29参照）。塩、こしょうをふる。
　◎同じフライパンを使うことで、サーモンと玉ねぎを焼いた香りがつき、おいしさが増します。

4. 型にクッキングシートをしき、キャベツ、2.、3.、粉チーズの順で3〜4層に重ねる。最後はキャベツでふたをし、クッキングシートをかぶせて手のひらでしっかり押しつける。5cmほどの高さから、タオルをしいた台に器ごと数回落として空気を抜く。オーブンで30分焼く。
　◎キャベツを入れるたびに、手で押して具材を密着させます。下からベシャメルソースが浮いてくるくらいが目安。三國ハンドパワーです。ソースは固くなる前に入れてください。
　◎シワをつくったアルミホイルを天板にしいて型をおくと滑り止めになります。

型から抜いたら、ボナペティ〜！

フィッシュ・アンド・チップス

海老フライとタルタルソース

フィッシュ・アンド・チップス

Fish and chips

```
調理時間　15分
※じゃがいもを茹でる時間は除く
難易度　★☆☆
```

ビールの衣でつくるイギリスの国民食。

イギリスといえば黒ビールなので、
衣にも使いました。ビール入りの衣は
ヨーロッパでは多いです。
揚げればアルコールは飛びますから
お子様にも大丈夫。
調味はレモン汁ではなく、ちょっと
おしゃれな3種のディップを。

●材料（2〜4人前）

タラ（骨抜きして一口大）		4切れ
じゃがいも（皮つきを塩茹で）		2個
パセリ		適量
衣	天ぷら粉	50g
	黒ビール（KIRIN）	80ml
A	マヨネーズ	大さじ3
	塩昆布	5g
B	マヨネーズ	大さじ3
	トリュフ塩	少々
C	トマトケチャップ	大さじ3
	カイエンヌペッパー	お好みで
塩、白こしょう		適量
揚げ油		適量

＊タラはなるべく鮮度のよいものを選ぶ。

●つくり方

1. じゃがいもは皮をむいて、4等分のく
し形切りにする。タラは両面に塩、こし
ょうをふる。A〜Cの材料をそれぞれ
合わせておく。

　◎じゃがいもは崩れやすいので、茹で卵
を切る時と同様に、包丁を左右に小刻み
に揺らしながら切ります（P.122参照）。

2. じゃがいもを素揚げにする。
　◎パセリを入れてパッと揚がったら適
温の合図。じゃがいもはすでに火が通
っているので、焼き色がついたらOK。

3. ボウルに衣の材料を合わせ、タラを入
れて揚げる。
　◎黒ビールの衣は色がつきやすいの
で、焦げないように気をつけて。浮い
てきたら火が通った合図。鮮度が心配
な方は完全に火を通してください。

ボナペティ〜！

海老フライとタルタルソース

Beignets aux crevettes sauce tartare

```
調理時間　10分
難易度　★★☆
```

衣をしっかりつけてサクサクに。

洋食といえば海老フライ。
生パン粉の衣がサクサクして、
こんな海老フライ食べたことない！
と思っていただけます。
三國スタイルの海老フライです。

●材料（1人前）

海老		4尾
溶き卵		適量
生パン粉		適量
タルタルソース		
茹で卵（ざく切り）		1個
らっきょうの甘酢漬け（みじん切り）		4粒
パセリ（みじん切り）		⅓枝
マヨネーズ		大さじ2
ヨーグルト		大さじ1
塩、白こしょう		適量
小麦粉		適量
揚げ油		適量

●つくり方

1. 海老は下処理をし、軽く塩、こしょうをふ
る。小麦粉→卵→パン粉の順につける。
　◎背ワタは背に浅く包丁を入れて取る
のが簡単。腹側に数か所切り込みを入
れるとまっすぐ揚がります。
　◎海老同士をポンポンポンとぶつける
と余分な小麦粉が取れます。卵はしっ
かりつけ、パン粉は布団をかけるよう
によく押しつけます。

2. ボウルにタルタルソースの材料を合わ
せ、軽く混ぜる。
　◎ベタベタにならないようにさっと和
えてください。茹で卵のゴロッとした
感じを残します。

3. 180℃の油で揚げる。

ソースの上に海老フライをのせ
たら、ボナペティ〜！

魚介

カレイのムニエルとバルサミコソース

Meunière de poisson plat

{ 調理時間　15分 }
{ 難易度　★★☆ }

フライパン1つで菜の花までソテー。アロゼのテクニックで身はふわふわに。

身の厚い魚をムニエルにするのは
難しいので、アロゼしながらゆっくりと
ソテーしてください。これが
フレンチのテクニックで
身がふわふわになります。
クルミオイルの香ばしい香りがして
スペシャルな仕上がりです。
つけ合わせは、アクの少ない野菜なら
フライパン1つでできます。
菜の花は色鮮やかで香りが抜群です。

◉材料（2人前）

カレイ（骨つき）················2切れ
菜の花（2等分）··················1束
バター（食塩不使用）··············30g
クルミオイル（なければオリーブオイル）
··························大さじ1

ソース
| バルサミコ酢··············大さじ1
| クルミオイル（なければオリーブオイル）
| ··························大さじ3
| 塩、黒こしょう··············適量
塩、白こしょう··················適量
小麦粉··························適量

＊黒ガレイを使用。香りや出汁を出したいので
骨つきで。

◉つくり方

1. カレイは両面に軽く塩、白こしょうをふり、小麦粉をまぶす。ボウルに**ソース**の材料を合わせる。
   ◎小麦粉はよくまぶしたら、余分な粉をしっかり払ってください。

2. 中火のフライパンにバター（半量）とクルミオイルを熱し、カレイを表側の皮から焼く。裏返したら、残りのバターも加えアロゼしながらじっくり焼く。
   ◎フライ返しでフライパンに身をしっかり押しつけて焼き色をつけます。皮をカリカリにしてください。

3. フライパンの空いたスペースに菜の花を入れ、軽く塩、白こしょうをふり炒める。カレイは焦げないように何度かひっくり返す。
   ◎菜の花から出る水分で蒸すように炒めます。同じフライパンで焼くと、魚の香りが野菜についておいしくなります。

菜の花の上にカレイをおき、
まわりにソースを垂らしたら、
ボナペティ〜！

◎背骨に沿ってナイフを入れ、身を開
くと簡単にはがれます。

◉この料理にはコレ！

白ワイン　**ラ・ヴァル・ブラン ルーサンヌ**　La Vals Blanc Roussanne
生産者：シャトー・ラ・バロンヌ　Château La Baronne
生産地：フランス、ラングドック地方

かすかに洋ナシとカモミールの香りがして、
ムニエルのような魚料理に素晴らしく合います。

舌平目のムニエルと
レモンバターソース

Sole meunière

{ 調理時間　15分 } ※じゃがいもを茹でる時間は除く
{ 難易度　★★☆ }

フランス料理の基本中の基本！
バターの泡でじっくり焼く。

レストランではバターだけで焼きますが、焦げるのが心配なら、サラダ油かオリーブオイルを一緒に使ってもいいですよ。バターで焼く時は常に泡が出ていることがポイント。少しずつ何回かに分けて加えると焦げすぎることもありません。これができればでき上がりはピカイチです！

◉ 材料（2人前）

舌平目（なければ他の白身魚）………… 2枚
じゃがいも ……………………………… 2個
バター（食塩不使用）………………… 30g
ソース
｜バター（食塩不使用）…………………… 50g
｜レモン（横に2等分）………………… 1個
小麦粉 …………………………………… 適量
塩、白こしょう ………………………… 適量

＊舌平目は、表の黒皮がむいてあるものを使用。
＊レモンの半分は、絞りやすいように切り口に放射状に包丁を入れる。もう1つは、皮の縁を薄くむきながら1周し、最後はつなげたまま結びめをつくるとおしゃれです。

◉ つくり方

1. 舌平目のヒレと尻尾は焦げやすいのでハサミで切り落とす。両面に軽く塩、こしょうをふり、小麦粉をまぶす。じゃがいもは皮つきのまま茹でて皮をむく。
◎フランスでは裏の白皮はカリッカリに焼くとおいしいので取りません。日本ではむいてあるものが多いですね。

2. 中火のフライパンにバター（⅓量）を熱し、舌平目を皮のほうから焼く。裏返して、残りのバターを少しずつ加えアロゼする。じゃがいもを入れ一緒に温める。舌平目を皿に盛りつける。
◎皮をカリカリに焼いてください。バターが茶色くなってきたら、こまめにバターを追加し温度調節します。フライパンを回してバターが泡立ったらちょうどよい温度の目安です。焦げそうなら火を弱めてください。

3. 中火にし、バター（ソース用）を加え軽く塩、こしょうをふる。じゃがいもを皿に盛りつける。バターが飴色になったらレモン（½個）を絞る。
◎フライパンを回してバターをよく泡立たせてください。

舌平目にソースをかけたら、レモンを絞ってボナペティ～！

◉ この料理にはコレ！

白ワイン　**コート・ド・ボーヌ　レ・ピエール・ブランシュ**
Côte de Beaune "Les Pierres blanches"
生産者：ドメーヌ・ド・ラ・ヴージュレー　Domaine de la Vougeraie
生産地：フランス、ブルゴーニュ地方

ボーヌ地方のワインは大好きです。赤ワインが有名ですが、白もおいしい。かりんの香りがして素晴らしいです。

魚介

鮭のクリームシチュー

海老のクリームソテー

鮭のクリームシチュー
Blanquette de saumon

｛調理時間　15分｝
｛難易度　★★☆｝

フライパン1つで具材の
ソテーからベシャメルソースまで。

クリーム煮ですが、鮭の皮が
パリッパリに焼けていておいしいです。
鮭の他に、タイ、ヒラメ、
鶏や豚にも応用できますよ。
鮭を焼いた同じフライパンで野菜も
焼き、ベシャメルソースもつくることで、
鮭の香りがついて一体感も増します。

◎材料（2人前）
鮭（皮つき、中骨を取る）……………2切れ
えのきたけ（束を2つに分ける）……½パック
冷凍ミックス野菜………………………120g
ベシャメルソース
　牛乳……………………………1½カップ
　バター（食塩不使用）…………………20g
　小麦粉……………………………………20g
　ピザ用チーズ……………………………20g
　水……………………………………½カップ
塩、白こしょう……………………………適量
オリーブオイル…………………………大さじ1

＊えのきたけは石突きのギリギリのところで切
ると、バラバラにならない。

◎つくり方
1. 鮭は軽く塩、こしょうをふる。
2. 中火のフライパンにオリーブオイルを
   熱し、鮭を皮のほうから焼く。裏面も
   焼いたら一度取り出す。同じフライパ
   ンでえのきをカリッと焼いて取り出す。
   同じフライパンで冷凍ミックス野菜を
   炒めて取り出す。

◎鮭の皮をカリカリに焼きます。
3. 同じフライパンでベシャメルソースを
   つくる（P.29参照）。チーズを加え混ぜる。
   塩、こしょう、水を加え混ぜる。再び塩、
   こしょうをふる。**2.**をもどし温めて、塩、
   こしょうで味をととのえる。

ボナペティ～！

┌─────────────────────┐
│ ◎**この料理にはコレ！** │
│ 白ワイン │
│ **マコン・ヴィラージュ** │
│ **Macon Villages** │
│ 生産者：メゾン・リケール │
│ 　　　　Maison Rijckaert │
│ 生産地：フランス、ブルゴーニュ地方 │
└─────────────────────┘

海老のクリームソテー
Crevettes sautées à la crème

｛調理時間　15分｝
｛難易度　★★☆｝

海老の殻でクリームに香りをつける。

火をギリギリに入れてプリプリの海老を
味わってください。海老の殻も
とっておきの方法で出汁をとって
ソースにします。海老の香りが
ぜんぜん違ってきますよ。

◎材料（2人前）
海老（殻つき、ブラックタイガー）………10尾
玉ねぎ（みじん切り）……………………¼個
にんにく（みじん切り）…………………½片
白ワイン……………………………………40ml
生クリーム…………………………………120ml
レモン汁………………………………小さじ2
パセリ（みじん切り）……………………1枝
塩、白こしょう……………………………適量
バター（食塩不使用）………………………15g

＊フランスのレストランでは、赤座海老（ラングスティーヌ）でつく
ることが多い。

◎つくり方
1. 海老は下処理をして、軽く塩、こしょう
   をふる。
   ◎殻は、尻尾の形がそのまま残るよう
   にむきます。背ワタは背に浅く包丁を
   入れて取るのが簡単でおすすめ。
2. 弱火の鍋に海老の殻と生クリームを入
   れる。沸騰したら、火を消しておいて
   おく。
   ◎殻をクリームに浸けておくことで海
   老の香りと味を倍増させます。
3. 中火のフライパンにバターを熱し、海
   老を炒める。海老が赤くなり始めたら、
   玉ねぎ、にんにくを加え炒める。白ワ
   インを加える。
   ◎白いソースなので色をつけないよう
   に炒めます。海老は火を通しすぎると
   硬くなってパサパサになるので火が通
   る手前で止めます。
4. **2.**をザルでこして加える。沸騰したら、
   塩、こしょうで味をととのえる。仕上げ
   にレモン汁を加え、火を止めてパセリ
   を加える。
   ◎海老の殻は強く押しつけて最後の1
   滴までこしましょう。

ボナペティ～！

┌─────────────────────┐
│ ◎**この料理にはコレ！** │
│ 白ワイン │
│ **シャトー・ラウール ブラン** │
│ **Château Rahoul Blanc** │
│ 生産者：シャトー・ラウール │
│ 　　　　Château Rahoul │
│ 生産地：フランス、ボルドー地方 │
└─────────────────────┘

魚介

あぶりイワシと春菊のカルパッチョ仕立て

ピーマンのブランダード詰め

あぶりイワシと春菊の カルパッチョ仕立て
Carpaccio de sardines

```
調理時間　10分
※イワシをおろす時間は除く
難易度　★★☆
```

「うめこ」がアクセント！香ばしい イワシと春菊の食感を楽しむ。

イワシをパリッと香ばしく焼いて サラダ春菊にのせ、カリカリ梅で アクセントをつけます。イワシをさばいて 残った骨は捨てずに簡単ソースの 出汁として利用。ご飯と味噌汁にも ぴったりな料理です。 サンマやサバでも応用できます。

◉材料（2～4人前）

イワシ（3枚おろし、頭と中骨も使う）‥‥‥‥ 4尾
サラダ春菊（2等分）‥‥‥‥‥‥‥‥‥ 1束
白ワイン（なければ日本酒）‥‥‥‥ 大さじ1
カリカリ梅（三島食品「うめこ」）‥‥‥‥ 1袋
塩、白こしょう‥‥‥‥‥‥‥‥‥‥ 適量
米油（なければオリーブオイル）‥‥‥ 大さじ2

＊春菊がなければ、クレソン、三つ葉、水菜でも。

◉つくり方

1. イワシの両面に軽く塩、こしょうをふる。
2. 中火のフライパンに米油（少々）を熱し、 春菊の茎のほうをさっと炒める。軽く こしょうをふる。皿に移し、残りの春菊 を生のままのせ、カリカリ梅（少々）をち らす。
　◎うめこちゃんでサンドイッチにした いので、ここでふっておきます。
3. 同じ中火のフライパンに残りの米油を 熱し、イワシを皮のほうから入れて両

面を焼く。2.の皿に盛る。
　◎イワシはすぐに火が入ります。身が 柔らかくデリケートなので丁寧に扱っ てください。鮮度がよくない場合はし っかり焼きます。熱々のイワシをのせ ることで余熱で生の春菊に火を通す と、シャキシャキ感も生かせます。
4. 同じフライパンで、イワシの骨と頭をし っかり炒める。白ワインを加えたら火 を止めてザルでこす。3.にかけ、カリ カリ梅をちらす。
　◎骨と頭は生臭みを取るためにカリッ カリに焼いてください。この汁が上等 なソースに代わります。

ボナペティ〜！

```
◉この料理にはコレ！
白ワイン
マリー・セシル　Marie Cécile
生産者：シャトー・ル・ピュイ
　　　　Château Le Puy
生産地：フランス、ボルドー地方
```

ピーマンの ブランダード詰め
Poivrons farcis à la brandade de morue

```
調理時間　30分
難易度　★★☆
```

タラとじゃがいもが相性抜群！

バスク地方の郷土料理です。 ブランダードは、じゃがいもとタラを 牛乳で煮たもの。2つが一体化して 絶品でございます。オリーブオイルが ソースになるので、たくさんつけて

召し上がってください。トレビヤンです！

◉材料（2人前）

ピーマン（頭の部分を切り、種を抜く）‥‥‥ 4個
塩ダラ（甘塩、骨を抜き一口大）‥‥‥‥ 2切れ
じゃがいも（薄めの輪切り）‥‥‥‥‥‥ 1個
にんにく（2等分）‥‥‥‥‥‥‥‥‥ 1片
牛乳‥‥‥‥‥‥‥‥‥‥‥‥‥‥ ½カップ
水‥‥‥‥‥‥‥‥‥‥‥‥‥‥‥ ½カップ
塩、白こしょう‥‥‥‥‥‥‥‥‥‥ 適量
オリーブオイル‥‥‥‥‥‥‥‥‥ 大さじ2

＊タラの塩分が強い場合は、薄い塩水で塩抜き をする。

◉つくり方

[準備] じゃがいもは水にさらしておく。 オーブンを200℃に温めておく。

1. フライパンににんにく、じゃがいも、塩 ダラ、水、牛乳を入れ強火にかける。沸 騰したら中火で5分ほど煮込む。塩、こ しょうをふり、再び沸騰させる。
2. 具材をボウルに移し（煮汁は使わない）、ス プーンでざっくりつぶす。粗熱が取れ たら、ピーマンに詰め、切り取ったピー マンの帽子（頭）でふたをする。
3. 耐熱皿にのせ、強めに塩、こしょうをふ る。オリーブオイルをかけ、オーブン で13分焼く。
　◎オイルが後でソースになりますの で、塩、こしょうはちょっと強めに。

ボナペティ〜！

```
◉この料理にはコレ！
白ワイン
チャコリ・レサバル アリ
Txakoli Rezabal Arri
生産者：ボデガ・チャコリ・レサバル
　　　　Bodega Txakoli Rezabal
生産地：スペイン、バスク地方
```

魚介

スープ

Potages
Soupes

オニオングラタンスープ

Soupe gratinée à l'oignon

〔調理時間　25分〕
〔難易度　★★☆〕

玉ねぎに濃い焼き色をつける技で味と風味を濃縮させる。

うま味出汁（P.107）を使った
簡単オニオングラタンスープ。
普通はコンソメでつくりますが、
出汁のうま味にバター、チーズ、
にんにくなどが加わってコンソメと
同じくらいの風味が出ます。
プロは玉ねぎをとろ火で30分くらい
かけじっくり炒めますが、
3分でできる技をご紹介。
料理の仕上げにオーブン焼きすると、
カリカリのバゲットからにんにくの
香りが立ち、玉ねぎとうま味出汁の
相性も抜群です。
オフッオフ〜熱々なので気をつけて。

材料（2人分）

玉ねぎ（薄切り）	1個
バター（食塩不使用）	12g
うま味出汁（P.107）	2カップ
粉チーズ	20g
バゲット（薄切り、なければ食パン）	6枚
にんにく（2等分）	1片
塩、白こしょう	適量

つくり方

[準備] オーブンを200℃に温めておく。

1. にんにくをフォークに刺して、切り口を
   バゲットの両面にこすりつける。
   ◎バゲットが焼けた時に非常に香ばし
   いにんにくの香りがします。
2. 中火のフライパンで玉ねぎとにんにく
   を炒める。焼き色がついたら、一旦火
   を止めてしばらくおく。フライパンに
   ついた焼き目が玉ねぎで蒸されてきた
   ら、玉ねぎを混ぜて取る。
   ◎フライパンはフッ素樹脂加工のもの
   を使用してください。
3. 弱火にしてバターを加える。バターが
   溶けたら、うま味出汁を加え沸騰させ
   る。塩、こしょう、粉チーズ（半量）で味
   をつける。
4. 耐熱容器に移し、上に**1.**のバゲットを
   並べ、残りの粉チーズをかける。オー
   ブンで10〜15分焼く。
   ◎バゲットに焼き色がついたら完成。

ボナペティ〜！

最初にこのくらい焼き色をつけます。

フライパンについた焦げ目を、玉ねぎの水分で洗い
落とすイメージです。

焦げ目が玉ねぎに移ると、このくらいの焼き色になり
ます。

スープ

この料理にはコレ！

白ワイン　**タリマ・ヒル・ブランコ　Tarima Hill Blanco**
　　　　生産者：ボデガス・ヴォルヴェール　Bodegas Volver
　　　　生産地：スペイン

シャルドネとメルセゲラをブレンドした白ワインです。ピーチやバニラの
香りがあります。濃厚な味わいがスープの凝縮した風味にとても合います。

かぼちゃのポタージュ
Potage de potiron

{ 調理時間　20分 }
{ 難易度　★★☆ }

材料は2つだけ!
かぼちゃのピュアな
おいしさを楽しむ。

材料はかぼちゃと牛乳のみです。
かぼちゃだけの本当にピュアな
ポタージュです。ひと口食べるたびに
体の中がきれいに健康になっていく
感じ。胃とか腸にもいいんでしょうね。
かぼちゃのストレートなおいしさを
楽しめますから、大人も子供も
大好きなはず。かぼちゃが
おいしい時季に、ぜひつくってくださ
い。

◉ 材料（3〜4人前）

かぼちゃ（種を取って一口大、皮を薄くむく）
………………………………… ¼個（400g）
牛乳 …………………………………… 3カップ

＊かぼちゃの時期やお好みで塩、こしょうを入
れる。

スープ

◉ つくり方

1. 鍋にかぼちゃと牛乳を入れて沸騰させ
   る。ふたをして約10分煮る。
   ◎牛乳は沸騰すると吹きこぼれるので
   火加減に気をつけましょう。
2. 粗熱を取り、2回に分けてミキサーで
   撹拌する。鍋にもどし、沸騰させる。

ボナペティ〜!

かぼちゃチップス
Chips de potiron

{ 調理時間　15分 }
{ 難易度　★☆☆ }

ポタージュを煮ている間に
むいたかぼちゃの皮をチップスにします。
パリパリに焼くかぼちゃの煎餅ですね。
ローズマリーの香りをきかせます。
ポタージュにトッピングして一緒に
食べるもよし、ポタージュを
食べながら煎餅感覚でかじるのも
いいですよ。

◉ 材料（1人前）

かぼちゃの皮 ……………………… 適量
お好みのスパイス（ジンジャー、カルダモン）
………………………………… 適量
お好みのハーブ（みじん切り）……… 適量
オリーブオイル ……………………… 適量

＊ハーブはフレッシュのローズマリーを枝ごと
ハサミで切って使用。

◉ つくり方

[準備] オーブンを170℃に温めておく。
1. かぼちゃの皮にスパイス、ハーブ、たっ
   ぷりのオリーブオイルをまぶす。
2. 天板にクッキングシートをしき、皮の
   外側を下にして1.を並べる。オーブン
   で約10分パリッとするまで焼く。オー
   ブンから出して粗熱を取る。
   ◎皮の厚さや大きさ、質でも焼く時間
   は異なります。最初から時間いっぱい
   に焼くと焦げるので、トータルで10分
   焼くなら、5分後、8分後、10分後と
   少しずつ焼き加減を確認するのが安全
   です。

ポタージュと一緒に
ボナペティ〜!!

◉ この料理にはコレ!

白ワイン　ブルゴーニュ シャルドネ　Bourgogne Chardonnay
生産者：ピエール・ポネル　Pierre Ponnelle
生産地：フランス、ブルゴーニュ地方

グレープフルーツのような、ピーチのような香りがかすかに感じられます。
かぼちゃのチップスにつけたローズマリーの香りとも合いますよ。

コーンポタージュ　　　　　　　　　　　　ヴィシソワーズ

コーンポタージュ
Potage de maïs

{ 調理時間　15分 }
{ 難易度　★★☆ }

とうもろこしの芯も使った
究極のポタージュ。

煮て、ミキサーにかけるだけ。
食感を楽しみたいなら
このザラザラがいいんです。
材料がシンプルだから、
あっさりしていていくらでも
食べられますよ。

●材料（2人前）

とうもろこし …………………… 1本
牛乳 ………………………… 1カップ
塩、白こしょう ………………… 適量

●つくり方

1. とうもろこしの皮をむいて、実を包丁
   で削ぎ落とす。芯は厚さ約3cmの輪切
   りにする。
   ◎芯の根元は特に硬いので大きいまま
   でよいです。

2. 強火の鍋に1.の芯と牛乳を入れ、軽く
   塩、こしょうをふる。沸騰したら火を止
   めて、芯を取り出す。
   ◎とうもろこしの芯から出汁が出て牛
   乳に風味がつきます。

3. 1.の実を加え、再び強火にして塩、こし

ょうをふる。沸騰したら火を止める。
粗熱を取り、何回かに分けて少し粒々
が残る程度にミキサーにかける。

4. 鍋に移し、強火にして塩、こしょうで味
   をととのえる。沸騰したら完成。

熱々のままでも、冷やしてもOK！
ボナペティ～～！！

┌─────────────────────┐
│ ●この料理にはコレ！
│
│ 日本酒
│ 正雪 純米吟醸 うすにごり生
│ 生産者：神沢川酒造場
│ 生産地：静岡県
└─────────────────────┘

ヴィシソワーズ
Crème vichyssoise glacée

{ 調理時間　25分 }
{ 難易度　★★☆ }

冷製スープの定番！じゃがいもと
玉ねぎでつくるスープ。

もとはフランス人シェフがアメリカで
つくり出し、今の形になったと
いわれます。弱火で玉ねぎの水分を
出しながらゆっくり炒めることで
甘味を引き出します。
これがじゃがいものおいしさを
ぐっと引き上げます。

●材料（4人前）

じゃがいも（輪切りにし水にさらす）
…………………… 2個（350g）
玉ねぎ（薄切り） …………… 小1個
生クリーム ………………… ¼カップ
水 …………………………… 3カップ
塩、白こしょう ………………… 適量

バター（食塩不使用） ………………… 15g

＊粘りの多いメークインがおすすめ。

●つくり方

[準備]じゃがいもは水にさらしておく。

1. 弱火のフライパンにバターを熱し、玉
   ねぎをじっくり炒める。玉ねぎがしん
   なりしたら、じゃがいもを加え1～2分
   炒める。塩、こしょうをふる。水を加
   え沸騰させ、塩、こしょうをふる。弱火
   で5分煮る。
   ◎白いポタージュにするために、色は
   絶対につけないでください。

2. 粗熱を取り、ミキサーで撹拌する。鍋に
   もどして、生クリームを加え、塩、こしょ
   うで味をととのえる。一度沸騰させる。
   ◎撹拌具合はお好みで。

3. ボウルの底に氷水をあてて冷やす。
   ◎冷えるとさらに濃度がつき、じゃが
   いもの風味が前面に出てきます。

ボナペティ～！

┌─────────────────────┐
│ ◎よく冷やすとおいしいので、スープ
│ 皿を冷蔵庫で冷やしておくのもい
│ いと思います。
│ ◎セルフィーユやカリカリのベーコン
│ をのせるなどトッピングは自由に。
└─────────────────────┘

スープ

┌─────────────────────┐
│ ●この料理にはコレ！
│
│ 白ワイン
│ サン・ジョセフ ブラン
│ Saint-Joseph Blanc
│ 生産者：イー・ギガル　E.Guigal
│ 生産者：フランス、ローヌ地方
└─────────────────────┘

きのこスープの パイ包み焼き
Soupe forestière en croûte

{ 調理時間　40分 }
{ 難易度　★★☆ }

きのこと昆布でうま味の相乗効果！

「フランス料理の帝王」と称えられた料理人、ポール・ボキューズさんがつくった有名な料理に「黒トリュフのスープ」があります。1975年に料理人として初めてレジオン・ドヌール勲章を受章した際、晩餐会で当時の大統領にふる舞いました。本当は黒トリュフがあってこそのスープなんですけど、家庭向けにトリュフなしでアレンジします。シャキシャキのきのこにサクサクのパイの組み合わせが最高です。こんなスープが食卓にのぼったら素敵でしょう。みんなハッピーです！

●材料（2人前）

きのこ（厚めに切るか房に分ける）……… 200g
玉ねぎ（厚めのスライス）……………… ¼個
にんにく（みじん切り）……………… ½片
うま味出汁（一番出汁、P.107）… 1 ½カップ
塩、白こしょう ……………………… 適量
バター（食塩不使用）………………… 20g
冷凍パイシート ……………………… 適量
溶き卵 ………………………………… 1個分

＊きのこは最低でも3種。5種類あるとベスト。ここでは、しめじ、しいたけ、霜降りひらたけを使用。黒トリュフが手に入る方はぜひ。

＊パイシートはニップン製がおすすめ。
＊本来、塗り卵は卵黄だが、家庭用に全卵を使用。

●つくり方

[準備] パイシートは耐熱容器をすっぽり覆えるサイズに伸ばす。オーブンは200℃に温めておく。

1. 中火のフライパンにバターを熱し、玉ねぎをじっくり炒める。にんにくを加える。
   ◎オリーブオイルよりバターで炒めたほうが玉ねぎの辛みが隠されて、甘味も強調され、おいしくなります。

2. 玉ねぎが軽く色づいたら、きのこを硬い順に加える。きのこに軽く焼き色がついてきたら、弱火にして塩、こしょうをふり、じっくり炒める。再び軽く塩、こしょうをふり、熱々のうちに器に移す。
   ◎きのこを弱火でじっくり炒め上げるのが、うま味を引き出すポイント。じんわり染み出てくる水分を炒めながら濃縮して、またきのこにもどします。強火だと水分が出る前に表面が焼けてしまいます。オーブンで火を入れるので、シャキッとした食感は残しておいてください。

3. 同じフライパンを中火にして、うま味出汁を加え沸騰させる。塩、こしょうをふり**2.**に注ぐ。
   ◎フライパンについたきのこの味と香りを出汁に移します。アクは取りません。

4. 器のふちと側面、パイシートのふちに卵をたっぷり塗る。パイシートの塗った面を下にして器にかぶせ、くっつける。パイシートの上に卵を塗る。オーブンで約20分焼く。
   ◎**1.**から時間をおかずオーブンで焼いてください。
   ◎オーブンの焼きグセを見て、器の向きを途中で変えるといいですね。

ボナペティ～！

◎器のふちに沿ってナイフを立てて1周回すと、パイがふたのように外れてエレガント。別々にいただくのもいいですし、切らずにパイをスープの中に押し込んで、柔らかくなったパイを一緒に食べても。
◎スープに魚や鶏肉を入れても合います。

きのこは大きめのほうが食感が残っておいしいです。

●この料理にはコレ！

赤ワイン　クローズ・エルミタージュ　**Crozes Hermitage**
生産者：ルイ・ベルナール　Louis Bernard
生産地：フランス、ローヌ地方

黒こしょうの香りがして、このスープにぴったりです。

スープ

スープ・ド・ポワソン
Soupe de poisson

{ 調理時間　70分 }
{ 難易度　★★★ }

南フランスの味、
魚介の濃厚スープ。
大変だけど、できた
スープは努力の結晶です。

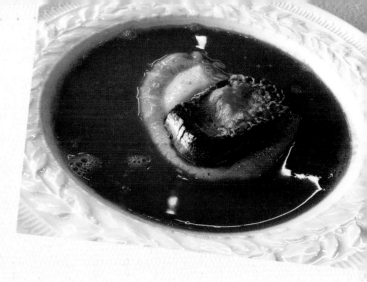

基本的なつくり方はブイヤベースと一緒ですが、具材をつぶして絞り出したのがこれ。現地では10種類ぐらいの魚を使うので、味が複雑でふくよかになり、とても贅沢な味です。このスープはにんにく入りマヨネーズ（ルイユ）とガーリックトーストを添えるのがお決まり。作業は大変ですが、家族総出でトライしてください！

材料（4人前）

魚（ハサミでぶつ切り）············3種以上
玉ねぎ（くし形切り）·················1個
にんじん（半月切り）·················1本
トマト（4等分）·······················2個
セロリ（厚切り）·······················1本
にんにく······························4片
トマトペースト（KAGOME）·····3袋（54g）
白ワイン·························1¼カップ
水·······························2½カップ
ブーケガルニ（ドライ、ティーバッグタイプ）
····································1袋
サフラン·······················ひとつまみ
パプリカパウダー···················適量
オリーブオイル·····················大さじ2
塩、白こしょう······················適量
ルイユ
にんにく（2等分）····················1片
卵黄（冷やしておく）················1個分
オリーブオイル（冷やしておく）···1カップ
塩、白こしょう······················適量
バゲット（薄切り）··················人数分
グリュイエールチーズ（削る）·····たっぷり

＊魚は何でもOK。3〜5種類あるとよい。イサキ、カサゴ、イシモチを使用。ウロコ、内臓、

エラは取る。
＊ルイユ成功のポイントは、卵黄とオリーブオイルを冷やしておくこと。
＊チーズはなければ粉チーズ、ピザ用チーズで。
＊使わなかった卵白は冷凍保存しておく。

つくり方

1. にんにく（ルイユ用）の切り口をバゲットの両面にこすりつける。バゲットにチーズをのせてトースターでこんがり焼く。にんにくはすりおろす。

2. ボウルにオリーブオイル以外の**ルイユ**の材料を混ぜる。オリーブオイルを少しずつ垂らしながら混ぜ合わせる。塩、こしょうで味をととのえ、冷蔵庫で冷やす。
   ◎マヨネーズ（P.122）と同じ要領です。分離したら失敗。つなぎとなるマスタードがないので、マヨネーズより少し難しいです。最初は失敗するかもしれませんが、くり返しトライしてくださいね。

3. 強火の鍋にオリーブオイルを熱し、魚をよく炒める。トマトペーストを加えよく炒める。白ワイン、サフラン、パプリカパウダーを加え、鍋底のこびりつきを溶かしながら軽く煮詰める。野菜を加えよく炒める。水、ブーケガルニを加え沸騰させ、軽くアクを取る。弱火で40分煮る。

◎魚も野菜もよく炒めておくことが、濃いスープにするポイントです。魚を炒めてできる鍋底のこびりつきがおいしさの素。トマトペーストもよく炒めると酸味が飛んでいい味が出ます。白ワインは煮詰めると味に深みが出ます。

4. 具材はすり鉢でつぶし、汁と一緒にザルでしっかりこす。鍋に移して火にかけ、塩、こしょうで味をととのえる。スープ皿の真ん中にルイユを入れ、スープをかけ、バゲットをのせる。
   ◎汁は一滴も残さず最後まで絞ってください。力がいりますが、スープは努力の結晶です。細かい魚介の絞りかすにもうま味があるので、ザルでこすのがベストです。

バゲットがふやけたら、
ボナペティ〜！

◎ルイユにじゃがいものピューレを混ぜるレシピもあります。
◎すり鉢がなければ、ミキサーでも構いません。

スープ

この料理にはコレ！

パスティス	リカール　Ricard

生産者：ペルノ・リカール　Pernod Ricard
生産地：フランス

アニスリキュールはフランスの庶民の飲み物で、みなさん大好き。
清涼感のあるアニスの香りはスープ・ド・ポワソンに最適です。

海のポトフ
Pot-au-feu de la mer

{ 調理時間　45分 }
{ 難易度　★★☆ }
※魚をさばく時間は除く

魚のおいしさを余すところなく食べる！鯛の出汁とエキゾチックな風味。

ポトフってだいたい肉の料理ですが、これは魚のポトフ。"メール"は海のことです。野菜もたっぷり入っていて、身体が温まるヘルシーなポトフなんですよ。
魚介はタイとホタテを使っていますが、タイは白身魚の中でも出汁がよく出るのでおすすめです。
八角としょうがを入れてますので、なんかエキゾチックな風味で、ポカポカと温まってきます！
白身魚の骨で出汁をとって……と、ひと手間、ふた手間がかかる感じですが、見た目も味もとてもリッチです。ぜひ試してください。

● 材料（2人前）

白身魚（頭と骨つき、3枚おろし）	1尾
ホタテ	10個
レモン（輪切り）	1個
しょうが（輪切り）	½個
じゃがいも（大きければ切る）	小8個
にんじん（乱切り）	½本
セロリ（5cm長さ）	½本
長ネギ（5cm長さ）	1本
白ワイン（なければ日本酒）	1カップ
水	1リットル
フェンネルシード（なければお好きなハーブ）	適量
八角	適量
塩、白こしょう	適量
オリーブオイル	大さじ1

＊魚はマダイを使用。ウロコを取る。

● つくり方

[準備] 魚のヒレはハサミで切り落とす。身は骨抜きで小骨を取り、アラの血の塊は水で洗い流す。アラはぶつ切りにする。身の両面とホタテに塩、こしょうをふる。
◎魚をさばくのは難しいので、鮮魚店で「3枚におろして、アラを割って」と伝えるといいでしょう。頭と骨で出汁を取ります。

1. 中火の鍋にオリーブオイルを熱し、アラをよく炒める。
   ◎鍋底が少し焦げつくくらいまでよく炒めます。よく炒めると魚の臭みが抜けて、香りも立ち、失敗なく出汁が取れます。

2. 白ワイン、八角、フェンネルシード、水を加えて強火にし、軽くアクを取る。沸騰したら弱火にして塩、こしょうをふる。約5分コトコトと煮る。
   ◎白ワインは魚の臭みを抜きます。

3. ザルにキッチンペーパーを重ねて2.をこす。
   ◎ゆっくり落ちるので、ここは慌てずに丁寧に。骨から出る出汁が重要なので、最後はお玉で強く押しつけて絞ります。

4. 鍋で出汁を沸騰させ、野菜を硬い順に入れ、火が通るまで約15分煮込む。しょうが、レモン、ネギの青い部分、ホタテを入れ、魚は最後に入れる。沸騰したら中火にして火が通るまで2〜3分煮る。塩、こしょうで味をととのえる。

汁が落ちにくい時はお玉でザルのふちを叩いてください。汁が出にくくなったらキッチンペーパーを替えます。

◎煮ている時は、魚の上に汁や野菜をかけて乾かないようにします。
◎スープの塩味が若干薄めだなと感じても、1皿分を召し上がった時にちょうどいい加減になるのがよいと思います。

ボナペティ〜！

◎出汁のとり方は2種類あります。炒めるパターンと炒めないパターン。炒めると若干濁りますが味の濃い出汁に。炒めなければ透明でさっぱりした出汁ができます。レストランでは用途に合わせて使い分けます。

● この料理にはコレ！

白ワイン　シャトー・シヴァドー　Château Chivadeau
生産者：シャトー・シヴァドー　Château Chivadeau
生産地：フランス、ボルドー地方

グレープフルーツやはちみつが香ります。ボルドーの白ワインは味に厚みのあるものが多いですが、こういうすっきりしたタイプが魚のポトフに合いますね。

スープ

クラムチャウダー
Clam chowder

{ 調理時間　15分 }
{ 難易度　★★☆ }　※アサリを砂抜きする時間は除く

アサリの風味が濃縮した
野菜たっぷりスープ。

アメリカ発祥なので
フランス料理ではありません。
でも、「ジャポニゼ（日本化）」と
僕は呼んでるんですが、日本風、
かつフランスっぽく仕上げてみました。
殻つきのアサリから出る出汁は
非常に風味が濃いので、殻つきが絶対。
食べる時は面倒くさいですけど、
最初に殻をはずせば食べやすく
なります。そして隠し玉がトッピング！
ふやけたかっぱえびせん、
野菜のコリコリした食感、
とろみのあるスープ……
変化に富んで楽しいです。
お子様も大好きな味だと思いますよ。

●材料（2人前）

アサリ（殻つき）………… 1パック（310g）
水 ………………………………… ½カップ
白ワイン（なければ日本酒）…… 大さじ1
ベーコン（1cmの角切り）…………… 30g
にんじん（1cmの角切り）…………… ⅓本
玉ねぎ（1cmの角切り）……………… ⅓個
セロリ（1cmの角切り）……………… ¼本
じゃがいも（1cmの角切り）………… ⅓個
ローリエ ……………………………… 1枚
牛乳 ………………………………… 1 ½カップ
小麦粉 ……………………………… 大さじ1
塩、白こしょう ……………………… 適量
バター（食塩不使用）………………… 15g
かっぱえびせん …………………… お好みで

●つくり方

[準備] アサリは前日に砂抜きをしておく。

1. 強火のフライパンにアサリ、水、白ワインを入れる。沸騰したら、ふたをして1〜2分アサリの口が開くのを待つ。開いたら、汁ごとボウルに移す。

2. 中火のフライパンにバターを熱し、ベーコンを炒める。野菜を硬い順に入れ、塩、こしょうをふる。小麦粉を加えて、しっかり炒める。
   ◎白いポタージュなので色をつけないように炒めてください。
   ◎アサリから出る出汁とかっぱえびせんに塩分があるので、塩、こしょうは少しで十分。最初のひと口、ふた口ではちょっと塩が足りないかなというくらいがベストな塩加減です。

3. 牛乳、ローリエを加え沸騰させる。塩、こしょうをふり、中火で2〜3分煮込む。野菜に火が通ったら、1.のアサリを加え強火にする。沸騰したら、弱火にして軽く塩、こしょうで味をととのえる。
   ◎ここでも塩、こしょうは軽く。

かっぱえびせんをのせたら、
ボナペティ〜！

●この料理にはコレ！

白ワイン　レクストリーム・ブラン　L'Extrême Blanc
生産者：レ・クロ・ペルデュ　Les Clos Perdus
生産地：フランス、ラングドック＝ルーション地方

グルナッシュ・グリとグルナッシュ・ブランが主な品種で、
洋ナシとかりんの香りが若干します。
非常に繊細でアサリと相性がいいです。

スープ

かぶのポタージュ

スパイスメロンスープ

かぶのポタージュ

Potage de navet

{ 調理時間　15分 }
{ 難易度　★★☆ }

とろとろのかぶが
七草がゆのよう。

加えたアーモンドミルクが
絶妙の相性で、と〜っても
やさしい風味！ ピュアな健康食
という感じで体によさそうです。
かぶの茎と葉っぱがシャキシャキして、
スープ自体はとろっとした仕上がり。
おかゆみたいです。
食べ始めると止まりません！
疲れている時、食欲がない時に
ぴったりです。
お子様にも喜んでもらえますよ。

● 材料（2〜3人前）

かぶ	3個
水	ひたひたの量
アーモンドミルク（砂糖不使用）	1カップ
オリーブオイル	大さじ2
塩、白こしょう	適量

● つくり方

1. かぶの葉と茎は小口切り、白い身は皮ごと薄切りにする。
   ◎葉と茎は押して切ると切りやすいです。
2. 中火のフライパンにオリーブオイルを熱し、茎を軽く炒める。油が回ったら葉も加え、さっと炒める。軽く塩、こしょうをふり火を止める。
   ◎茎や葉の色を飛ばさないように。早めに火を止めて余熱で火を通すことで、鮮やかな緑色が残ります。塩、こしょうはほんの香りづけ程度。
3. 鍋にかぶの白い身と水、塩を入れ沸騰させ、柔らかくなるまで煮る。軽く塩、こしょうをふる。かぶを木べらでつぶし、再び軽く塩、こしょうをふる。ホイッパーでさらにつぶす。
   ◎煮ていると自然に崩れてきます。七草がゆ風にちょっと歯ごたえを残したざらっとした仕上がりにします。
4. 仕上げにアーモンドミルクを加え、一度沸騰させ、塩、こしょうで味をととのえる。炒めた茎と葉を加え混ぜる。

ボナペティ〜！

● この料理にはコレ！

白ワイン

ラネ・ブラン　L'Année Blanc
生産者：レ・クロ・ペルデュ
　　　　Les Clos Perdus
生産地：フランス、ラングドック＝ルーション地方

アプリコット香と、ミネラルの塩味を感じます。七草がゆ風のポタージュにぴったりです。

スパイスメロンスープ

Soupe de melon aux épices

{ 調理時間　10分 }
{ 難易度　★☆☆ }

暑い夏に！ スパイス香る
大人の冷製スープ。

トッピングはカリカリのベーコンとミントにアボカドオイル。
色もきれいでおいしいです。
ベーコンの食感が特にいいですね。
真夏なら氷を入れても
いいかもしれません。超さわやかです。

● 材料（2〜3人前）

メロン（ざく切り）	½個
レモン汁	½個分
ナツメグ	適量
ベーコン（色紙切り）	1枚
ミント	適量
アボカドオイル	大さじ1

＊メロンは皮ギリギリまで果肉を取る。

● つくり方

1. フライパンを熱し、ベーコンをカリカリに焼く。
   ◎ベーコンが生っぽいとフレッシュのメロンに合わないので焦げる寸前まで炒めます。
2. ミキサーでメロン、レモン汁を撹拌する。ナツメグを加える。
   ◎メロンの水分が少なくてミキサーが回らなければ、水を少し加えてください。
3. 器に注ぎ、カリカリベーコン、ミントを飾り、オイルをかける。

ボナペティ〜！

● この料理にはコレ！

カクテル

ペルノ・オレンジ
ペルノ（生産地：フランス）とオレンジジュースを1:5の割合で合わせる。

アニス系の酒はフランス人が大好きなもの。ストレートや水割りもしますが、これはカクテル。アニスの香りはメロンにもぴったりです。

スープ

ブイヨン・ド・レギューム

うま味出汁

ブイヨン・ド・レギューム
Bouillon de légumes

⎰ 調理時間　60分 ⎱
⎱ 難易度　★☆☆ ⎰

野菜のうま味がいっぱいの 万能出汁!

昆布、カツオ、鶏、魚など
いろんな出汁がありますが、野菜でも
出汁をつくるんです。
1970年代以降スイスで一世を風靡
した料理人、フレディ・ジラルデさんは
ブイヨン・ド・レギュームを多用して
独創的な料理をつくりました。
彼のレストランでは若い見習いが
毎朝10リットルくらいつくるんですよ。
僕もそこで学ばせてもらい、
1983年に日本で初めて紹介しました。
トマトや香味野菜にはグルタミン酸が
豊富でうま味がいっぱい。
見た目もトマトの色素で
美しい黄金色です。

◉材料 (仕上がり約1リットル)

トマト（2等分）・・・・・・・・・・・・・・・・・・・・・	5個
玉ねぎ（くし形切り）・・・・・・・・・・・・・・・・	1個
にんじん（輪切り）・・・・・・・・・・・・・・・・・	½本
セロリ（斜め厚切り）・・・・・・・・・・・・・・・	½本
にんにく（2等分）・・・・・・・・・・・・・・・・・・	1片
パセリ・・・・・・・・・・・・・・・・・・・・・・・・・・・・	1枝
ローリエ・・・・・・・・・・・・・・・・・・・・・・・・・	1枚
白こしょう（粒）・・・・・・・・・・・・・・・・・・	小さじ1
白ワイン・・・・・・・・・・・・・・・・・・・・・・・	¾カップ
水・・・・・・・・・・・・・・・・・・・・・・・・・・・・・・	2リットル

◉つくり方

1. 鍋にすべての材料を入れ、沸騰させ、弱
   火で約45分煮る。途中、軽くアクを取

る。
   ◎ふたをしないことで水分を飛ばし、味を凝縮させます。いじりすぎると出汁が濁るのであまり触らないことが大事。透き通った黄金色がこのブイヨンの条件ですよ。

2. ザルでこす。

> ◎保存は、冷凍で1カ月が目安。
> ◎こして残った野菜は、ローリエを除いてミキサーで撹拌し再利用するといいです。ポタージュもよいですが、うま味はけっこう抜けているのでカレーやパスタソースのベースなど味の濃いソースに向いています。

うま味出汁
Umami-dashi

⎰ 調理時間　10分 ⎱
⎱ 難易度　★☆☆ ⎰

昆布とカツオ節で うま味の相乗効果!

一般に一番出汁といわれる、
色が透き通った上品な風味で、
昆布とカツオ節という異なる
うま味成分の相乗効果を生かした
極めつきの出汁です。今では、
フランスのシェフたちも
使っているくらいです。
京都の料理屋さんでは、火にかける前に
昆布を1〜2時間水に浸けて、
中火で沸騰させないように30分〜
1時間煮てから、カツオ節や
マグロ節を入れています。

ここでは短時間でできる出汁を
紹介します。

◉材料

昆布・・・・・・・・・・・・・・・・・・・・・・・・・・・・	20g
カツオ節・・・・・・・・・・・・・・・・・・・・・・・・	30g
水・・・・・・・・・・・・・・・・・・・・・・・・・・・	1リットル

◉つくり方

1. 鍋に水と昆布を入れて火にかけ沸騰させる。沸騰したら、カツオ節を加えてすぐ火を止める。
   ◎昆布の白い部分もうま味なので軽く拭き取る程度にしてください。

2. カツオ節がすべて沈んだら、ザルにキッチンペーパーを重ねて静かにこす。

> ◎残ったカツオ節と昆布を鍋にもどし、水を入れてぐつぐつと煮ます。同じようにこすと、二番出汁の完成。透明感がないので、煮物など色がついてもいい料理に使います。昆布は刻んで佃煮にすると無駄がありませんよ。

スープ

前菜・つけ合わせ

Entrées
Garnitures
Salades
Fromages

鶏レバーペースト
Mousse de foies de volaille

{ 調理時間　15分 }
{ 難易度　★★☆ }
※レーズンを水でもどす時間、冷蔵庫で寝かせる時間は除く

レーズンとブランデーがなじんで
フォワグラのように上質。

抜群においしいカナッペで、食前酒（アペリティフ）に合います。
三國スペシャルのレシピですよ。
レーズンの甘味やブランデーの香りがきいていて「これ、フォワグラです」って出されたら「そうですね」って言ってしまうぐらい非常にできがよいです。いや、かなり上質。
最高の鶏レバーのペーストです。レバーは鉄分が多いので、女性には喜ばれますね。大人向けのおしゃれな前菜です。クリスマスやいろいろなお祝いの場で、ぜひ取り入れてみてください。

●材料 （バゲット1本分）

鶏レバー	300g
レーズン（水でもどす）	20g
ブランデー（なければウイスキー、日本酒）	大さじ1
生クリーム	70ml
牛乳	ひたひたの量
バター（食塩不使用）	50g
A　にんにく	1片
オリーブオイル	小さじ2
塩、黒こしょう	適量
バゲット	1本

●つくり方

[準備] 鶏レバーは筋を取り、牛乳に浸けて臭みを取ったら、キッチンペーパーで牛乳をよく拭き取る。

1. フライパンにAを入れ弱火で炒める。にんにくから香りが立ったら、中火にして鶏レバーを加える。弱火にして1～2分じっくり炒める。
◎にんにくもペーストにするので、焼き色をつけないでください。レバーは弱火でゆっくりと炒めるのがポイント。強火だとパサついてボソッとしたペーストになってしまいます。

2. ブランデーを加えアルコールを飛ばす。生クリームを加え沸騰させ、塩、こしょうをふる。水分が飛んでとろっとしてくるまで煮詰める。
◎フライパンの底についた焼き汁は生クリームで煮溶かします。ここでレバーに完全に火を通します。

3. 粗熱を取ったら、フードプロセッサーで撹拌する。途中でバターを加え、さらに撹拌する。ボウルに移し、レーズンの水気を切って混ぜ合わせる。塩、こしょうで味をととのえる。ココットに詰め、表面を平らにする。5cmほどの高さから、タオルをしいた台にココットごと数回落として空気を抜く。冷蔵庫で30分寝かせる。

◎冷蔵庫に1日おいたほうが、より味がなじんでおいしくなります。

4. 湯で温めたスプーン2本でクネル状（ラグビーボール形）に丸め、トーストした薄切りのバゲットにのせる。
◎1つ丸めるごとにスプーンを湯で軽く洗うと、きれいに丸まります。室温に出しておくとバターが溶けて形が崩れてきます。食べる直前に盛りつけを。

ボナペティ～！

◎レストランではフードプロセッサーで撹拌した後に裏ごししてなめらかにしますが、ご家庭ではこのままでも十分です。
◎保存は、冷蔵で2～3日が目安ですが、早めにお召し上がりください。
◎レーズン以外に、他のドライフルーツやピクルス、ピスタチオのようなリッチなナッツとも相性抜群です。

前菜
つけ
合わせ

●この料理にはコレ！

赤ワイン ブルゴーニュ ピノ・ノワール　Bourgogne Pinot Noir
生産者：メゾン・シャンピー　Maison Champy
生産地：フランス、ブルゴーニュ地方

軽く、酸味が引き締まっていて、いちごの香りもします。
レバーペーストにぴったりです。

ポーチドエッグと
ほうれん草のソテー
Œuf poché aux épinards

{ 調理時間　10分 }
{ 難易度　★☆☆ }

簡単ポーチドエッグの
技を伝授！

みなさんポーチドエッグは難しいと言いますが、失敗せず美しくつくる技をお教えしましょう。意外に簡単ですよ。ここでは、醤油味のほうれん草サラダにポーチドエッグをのせ、崩してソースのようにして食べます。シャキシャキのほうれん草にとろっとろの卵黄ソースのハーモニー。いい感じです。大変リッチな一品です。

*ほうれん草がない時は、青い葉野菜ならなんでもOK。フランスのほうれん草は硬いので葉だけを使うが、日本産はみずみずしく柔らかいので、軸も根元も全部使える。

つくり方

1. 鍋に湯を沸騰させ、酢を加え再び沸騰させる。卵を器に割り、器を少し湯に入れながら鍋の端に静かに入れる。約2分茹でる。
2. 中火のフライパンで、ベーコンがカリッとするまでじっくり炒める。にんにくを加えカリッと焼く。ほうれん草を硬い順（根元→軸→葉）に加え炒める。しん

1.

鍋の端に入れると、卵白が散らずに勝手にきれいな形に固まります。湯は鍋の側面から沸騰し中心へと対流するので、卵を真ん中に入れると白身がぶわーっと散ってしまうんです。これがプロのテクニックです！

なりしたら、**A**を加え全体を混ぜる。

ほうれん草の上に卵をのせ、こしょうをふったら、ボナペティ〜！

材料（2人前）

卵	2個
水	1リットル
酢	½カップ
ほうれん草（4等分）	1袋
ベーコン（角切り）	50g
にんにく（薄切り）	1片
A　バター（食塩不使用）	10g
醤油	小さじ1
黒こしょう	適宜

この料理にはコレ！

シャンパーニュ　**ゴッセ グラン ブラン・ド・ノワール　Gosset Grand Blanc de Noirs**
生産者：ゴッセ　Gosset
生産地：フランス、シャンパーニュ地方

ピノ・ノワール主体のシャンパーニュです。
コクがあり、黄身とのマッチングがばっちりです。

鶏むね肉と緑黄色野菜の温サラダ

Salade de suprême de volaille

﹇調理時間 15分﹈
﹇難易度 ★★☆﹈

ぷりぷり鶏むね肉とたっぷりの野菜でごちそうに。

管理栄養士のアドバイスの下、考えた運動後の身体にやさしい野菜料理です。運動によって消費されるミネラルを補給できます。かぼちゃ、トマト、りんごは栄養分のある皮つきで使い、油脂はコレステロール0%のアボカドオイル。あっさりした味つけですが、運動後はそれくらいがスーッと胃に入り、ビネガーの酸味やカレー粉のスパイシー感が食欲を刺激してくれます。

🍳材料（2人前）

鶏むね肉（皮なし、厚さ1cmのそぎ切り）‥‥200g
A｜かぼちゃ（角切り）‥‥‥‥‥‥‥‥120g
　｜芽キャベツ（2等分、芯に1cm程の切り込み）
　｜‥‥‥‥‥‥‥‥‥‥‥‥‥‥‥‥‥60g
　｜ブロッコリー（房に分ける）‥‥‥‥100g

ドレッシング
　｜トマト（角切り）‥‥‥‥‥‥‥‥‥160g
　｜りんご（皮つき、角切り）‥‥‥‥‥60g
　｜玉ねぎ（みじん切り）‥‥‥‥‥小さじ2
　｜ミックスビーンズ‥‥‥‥‥‥‥‥‥50g
　｜カレー粉（あれば）‥‥‥‥‥‥小さじ1
　｜白ワインビネガー（なければ米酢）
　｜‥‥‥‥‥‥‥‥‥‥‥‥‥‥‥小さじ2
　｜アボカドオイル（なければオリーブオイル）
　｜‥‥‥‥‥‥‥‥‥‥‥‥‥‥‥大さじ1
粉チーズ‥‥‥‥‥‥‥‥‥‥‥‥‥‥20g
セルフィーユ（なければパセリ）‥‥‥‥適量
塩、白こしょう‥‥‥‥‥‥‥‥‥‥‥適量
コーンスターチ（なければ片栗粉）‥‥大さじ2

＊鶏むね肉は、薄すぎるとすぐに火が通って硬くなるので厚めに切る。
＊ミックスビーンズはひよこ豆、青えんどう、赤いんげん豆が入ったものを使用。

🍳つくり方

1. 鶏むね肉の両面に塩、こしょうをふり、コーンスターチをまぶす。ボウルに**ドレッシング**の材料を合わせる。
　◎コーンスターチをつけて茹でると、とろっとなめらかになります。
2. 鍋に湯を沸騰させ、塩ひとつまみを入れ、鶏肉を茹でる。火が通ったら取り出す。同じ鍋にAを硬い順に加え約3分茹でる。火が通ったら鶏肉をもどして沸騰させる。
　◎鶏肉と同じ湯で野菜も茹でることで、鶏肉の香りが野菜につく合理的な調理法です。
3. 皿にドレッシングをしき、**2.**の水気を切って盛りつける。チーズをふり、セルフィーユをハサミで切ってちらす。

ボナペティ〜！

前菜
つけ
合わせ

🍽この料理にはコレ！

﹇ミネラルウォーター﹈ **北海道大雪山 ゆきのみず**
生産者：ロジネットジャパン
生産地：北海道

北海道の大雪山でできている天然水です。とてもピュアな味がして、口がやさしく洗われます。

玉ねぎの丸ごと煮込み

Oignon entier en cocotte

〔調理時間　60分〕
〔難易度　★★☆〕

丸ごとコトコト煮る料理です。
調味料は昆布と塩だけ。昆布には
うま味のグルタミン酸、野菜には
イノシン酸があるので少ない材料でも
うま味は十分です。でき上がりは
ピーチのようにきれいでしょう。
外側はとろっ、中心のほうは
シャキシャキ感が残って、いいバランス。
カニのソースも抜群で
想像以上のおいしさですよ。

材料（2人前）

```
A ┌ 玉ねぎ ･･･････････････････････ 2個
  │ 昆布 ･･･････････････････････ 15cm
  └ 水 ･･･････････････････ ひたひたの量
カニ缶 ･･･････････････････････ 1缶（55g）
塩 ･･･････････････････････････････ 少々
水溶き片栗粉 ･･･････････････････････ 少々
```

＊昆布の白い粉は塩分とうま味なので軽く落と
　す程度で。

＊カニ缶はフレークでもスティックでも。他に
　ホタテ缶、ツナ缶、鶏むね肉のひき肉もおす
　すめ。

つくり方

1. 玉ねぎは皮つきのまま軽く水洗いし、ひげ根を切り落とす。その切り口に十字の切り込みを深さ約1cm入れる。

2. 鍋にAを入れて強火にし、軽く塩をふる。沸騰したら、ふたをして中火で約40分煮る。途中で玉ねぎを何回か転がして均一に火を入れる。

3. 弱火のフライパンに煮汁をお玉2杯分、カニ缶（汁も）を入れて温める。水溶き片栗粉を加え素早く混ぜ、ソースにする。
◎片栗粉は少しずつ入れてください。とろみがつきすぎたら、煮汁を追加します。

4. 玉ねぎの根元と頭を切り落として皮をむき、縦半分に切って皿に盛りつける。

玉ねぎがおいしい秋におすすめ。

1.

玉ねぎは皮にも栄養があり、また身が崩れないように守ってくれるので皮つきで調理しますよ。

ソースをかけてボナペティ～！

◎煮汁には、おいしい出汁が出ているので香草を入れてスープに。カレーや味噌汁に入れても。色を活かしてゼリー寄せもいいですね。

この料理にはコレ！

[白ワイン]　ピノ・ブラン　Pinot Blanc
生産者：ドメーヌ・ジンク　Domaine Zinck
生産地：フランス、アルザス地方

アルザスなのでやや甘めですが、ピーチや青りんごの香りがします。玉ねぎと非常にコンビネーションがいいです。

前菜
つけ
合わせ

キャロットラペ

Carottes rapées

〔調理時間　5分〕
〔難易度　★☆☆〕

フランス惣菜の定番！

ラペは削るという意味です。
フランス人は本当にキャロットラペが大好き。サラダには100%と言っていいほど入っています。
にんじんはリーズナブルだし、栄養豊富でいいですね。味つけはレモン、オリーブオイル、ほんの少しの塩、こしょう、はちみつ。これだけで別物の味になります。

🍳材料（2人前）

にんじん ……………………………………1本
オリーブオイル ……………………………大さじ1
レモン汁 ……………………………………1個分
はちみつ ……………………………………お好みで
塩、白こしょう ……………………………適量

＊はちみつは藤原養蜂場の「皇居周辺蜜（国産）マロニエ」が抜群にクオリティが高くておすすめ。

🍳つくり方

1. スライサーでにんじんをせん切りにする。
   ◎包丁より、スライサーで削るほうが断面がざらっとして味が染みやすくなります。
2. ボウルにすべての材料を合わせてよく混ぜる。
   ◎はちみつは香りづけなのでほんの少し。塩、こしょうは軽く。

空気を入れるようにふわっと盛ったら、ボナペティ〜！

◎これは基本形なので、明太子やウニ、フォワグラを入れるなどバリエーションを楽しんでください。
◎フランスではレモンの代わりにオレンジ果汁を使ったり、クミンやレーズンも入れるんです。レモンの皮を薄く切って香りづけに入れるのもいいアイデア。
◎にんじんはいろんな色がありますから、いくつかを混ぜるのも素敵です。

前菜
つけ
合わせ

🍳この料理にはコレ！

白ワイン　**フライッシャー ピノ・グリ　Fleischer Pinot Gris**
生産者：フライッシャー　Fleischer
生産地：フランス、アルザス地方

ライチとりんごが香るデリケートな白ワイン。少し甘めです。この白ワインと合わせれば、超おしゃれです！

ティアン・ド・レギューム

Tian de légumes

〔調理時間　50分〕
〔難易度　★☆☆〕

カラフルに並べると楽しい、代表的な南フランスの料理!

夏野菜のオーブン焼きです。フランス語でティアンといい、この料理に使った陶器の名前です。野菜はトマト、なす、ズッキーニが基本で、どれも南仏の代表的な野菜。焼いて野菜から出た汁がおいしいので、忘れずにかけてくださいね。バゲットを添えるだけで十分ランチになるし、魚のポワレやホタテ貝、肉などの料理を加えればごちそうです。

🍽 材料（4〜5人前）

A	トマト（縦半分）	3個
	ズッキーニ	1個
	なす	1個
にんにく（2等分）		1片
イタリアンハーブミックス（GABAN）		適量
塩、白こしょう		適量
オリーブオイル		適量

＊野菜はカリフラワー、ピーマン、パプリカなどもよい。

＊にんにくが好きな方は多めに。

＊ハーブはドライのオレガノ、タイム、バジル、イタリアンパセリが入っているものを使用。フレッシュでもよい。

🍽 つくり方

[準備] オーブンを180℃に温めておく。

1. Aをすべて同じ厚さに切る。にんにくの切り口を耐熱容器に擦りつけ、オリーブオイルを塗る。にんにくは薄切りにする。
   ◎ズッキーニは両端も食べられますよ。

2. 器に1.の野菜を交互にやや斜めにして並べ、ぎっちり詰める。にんにくは間に挟む。軽く塩、こしょう、ハーブをふり、オリーブオイルをかける。

◎にんにくは上にのせると焦げるので、隙間に挟み入れます。ドライのハーブは香りが強いので量に気をつけて。

3. オーブンで30〜40分焼く。
   ◎クタッと柔らかいのがお好きな方は10分追加してください。

ボナペティ〜!

◎オリーブやアンチョビを加えてもいいです。さらに塩分とうま味が加わります。

🍽 この料理にはコレ!

白ワイン　**J.モロー・エ・フィス ブラン**　**J. Moreau & Fils Blanc**
生産者:J. モロー・エ・フィス　J. Moreau & Fils
生産地:フランス

シャルドネらしいすっきりした飲み口です。ほのかなオレンジの香りも。南フランスの料理にぴったりですね。

前菜
つけ
合わせ

三國流フライドポテト

Pommes allumettes

{ 調理時間　7分 }
{ 難易度　★☆☆ }
※じゃがいもを水にさらす時間は除く

細く切るだけで おしゃれなおつまみに。

超簡単です。せん切りにした
じゃがいもとさつまいもを少量の
オイルでパリッパリに揚げ、七味唐辛子で
アクセントをきかせるだけ。お子様には
軽く塩だけでもいいですよ。香ばしくて
色が鮮やかで、さつまいもの甘味も
いい感じです。同じフライドポテトでも、
細く切ると繊細でおしゃれ。おつまみにも
つけ合わせにもいいですよ。

●材料 (2〜4人前)

じゃがいも ……………………………… 1個
さつまいも ……………………………… 1個
オリーブオイル ………………… 大さじ5
塩 ………………………………………… 適量
七味唐辛子 ……………………………… 適量

＊じゃがいもはメークインのほうがくっつきに
くく揚げやすいです。

●つくり方

1. じゃがいもとさつまいもは、皮つきのま
   まスライサーでせん切りにする。水に
   さらしてから、水分をしっかり拭き取
   り、ボウルで2色が交わるように混ぜる。
2. 中火のフライパンにオリーブオイルを
   熱し、1.を3回くらいに分けて揚げる。

七味をかけてよくほぐしたら、
ボナペティ〜〜！！

2.

少しの油でカリッと揚げます。揚げるというよりソ
テーするというイメージです。一度に全量を入れ
るとくっついて塊になってしまうので何回かに分け
て揚げてください。

●この料理にはコレ！

スパークリングワイン　**クレマン・ド・ブルゴーニュ ブリュット
Crémant de Bourgogne Brut**
生産者：ピエール・ボネル　Pierre Ponnelle
生産地：フランス、ブルゴーニュ地方

シャンパーニュと同じ瓶内発酵で造られている
スパークリングワイン。これはブルゴーニュ産だけあって
非常に香りが豊かで、味もさわやかです。

前菜
つけ
合わせ

グラタン・ドフィノワ

フレンチフライ

グラタン・ドフィノワ
Gratin dauphinois

{ 調理時間　60分 }
{ 難易度　★☆☆ }

アク抜きをせず
クリーミーに仕上げる。

フランス人がフライドポテトの次に
よく食べる、冬のつけ合わせです。
ドフィネ地方の郷土料理が、
フランス中で人気になりました。
牛乳と生クリームだけでグラタンに
するから非常にクリーミーで、にんにくと
塩の加減も絶妙！ じゃがいもは
ちょっと厚めに切ることで、
焼き色がつき、汁に濃度もついて
おいしくなりますよ。ぜひステーキや
鴨肉、魚と一緒にどうぞ。

🥄材料（4～6人前）

じゃがいも（メークイン）……	大3個（650g）
A にんにく（みじん切り）……	1片
牛乳 ……	1カップ
生クリーム ……	1カップ
B ナツメグ ……	適量
塩、白こしょう ……	適量
バター（食塩不使用）……	50g

🥄つくり方

前菜 つけ 合わせ

[準備]オーブンを160℃に温めておく。
1. じゃがいもは皮をむいて8mm厚さの
　薄切りにする。
　◎じゃがいもは水にさらすと水っぽくな
　るため、切ったらそのまま調理します。
2. グラタン皿にじゃがいもを斜めにして
　並べる。軽く塩、こしょうをふる。Aを
　入れ、バターをちぎって全体にちらす。
　Bをふる。　オーブンで45分～1時間、
　じゃがいもに火が通って表面に焼き色

がつくまで焼く。

汁もたっぷりかけて、ボナペティ～！

🥄この料理にはコレ！
白ワイン
レ・ファニエ・ブラン
Les Fagnes Blanc
生産者：クロ・デ・ブート
　　　　Clos des Boutes
生産地：フランス、ラングドック地方

カリニャン・ブランという品種の白ワイン
です。アプリコットのような風味で、
ミネラル感を感じます。

フレンチフライ
Frites maison

{ 調理時間　10分 }
{ 難易度　★☆☆ }

油で煮るように揚げたら
最後一気にカリッと揚げる。

日本人も大好きなフリット・メゾン。
メゾンは「家庭」の意味なので
「自家製フライドポテト」ですね。
フレンチとついているくらいですから、
フランス人は大大大大大好きで主食の
ように毎日食べているんじゃないかな。
冷凍のポテトをたくさん買い込んで、
年中、揚げて食べています。
外はカリカリで中はホクホクですよ。
つけ合わせにもなるし、これだけを
スナックとして食べてもいいですね。

🥄材料（2～4人前）

じゃがいも（メークイン）……	小6個
塩 ……	適量
パセリ ……	適量
揚げ油 ……	適量

🥄つくり方

1. じゃがいもは水洗いしたら、水分を
　しっかり拭き取る。皮つきのまま8等分
　のくし形に切り、再び水分をしっかり拭
　き取る。
　◎切ると水分が出てくるので、しっか
　り拭き取ります。
2. 弱火で揚げる。
　◎最初は120～130℃の油で煮るイ
　メージ。あまり温度が低いとじゃがい
　もが油を吸いすぎてカラッと揚がりま
　せん。
3. じゃがいもに串がスッと通る柔らかさに
　なったら、強火にして表面をカラッと揚
　げる。引き上げて熱いうちに塩をふる。
　◎必ず熱いうちに塩をふります。冷め
　てからでは、じゃがいもが塩を吸い込
　みません。

ボナペティ～！

◎フランスではトマトケチャップよ
りマヨネーズをつけて楽しむこと
が多いです。

🥄この料理にはコレ！
スパークリングワイン
カステルブラン セコ
Castellblanc Seco
生産者：カステルブラン　Castellblanc
生産地：スペイン

グレープフルーツやメロンの皮の香りが
若干あります。なかなか素敵です。

じゃがいものピューレ 道産子風

じゃがいものピューレ

じゃがいものピューレ 道産子風
Purée de pommes de terre DOSANKO

調理時間　7分
※じゃがいもを塩茹でする時間は除く
難易度　★☆☆

ざっくり残るバターと塩辛が度肝を抜くおいしさ。

北海道の居酒屋の裏メニューでとても人気なんです。本当は教えたくなかったんですけど、最高においしいから公開しちゃいます！ じゃがいももバターもざっくり混ぜるところがポイントで、イカの塩辛の塩分で食べます。北海道的には塩辛をこの2倍のせますね。口の中で味が爆発します。パーティにもいいですし、お父さんの晩酌にも絶対に喜ばれます。

🍳材料（5〜7人前）

じゃがいも（男爵） ………………… 400g
バター（食塩不使用） ……………… 100g
イカの塩辛 ……………………………… 適量

🍳つくり方

1. じゃがいもは皮つきのまま塩茹でし、温かいうちに皮をむいて粗くつぶす。
   ◎つぶすのはスプーンでも結構です。
2. バターを加えて、よく混ぜ合わせる。
   ◎じゃがいもの温度は、熱々ではなく温かいくらいにするのが最大のポイント。バターがゆっくり溶けるのでおいしくなるんです。でき上がりはバターがざっくり残っている感じ。バターが完全に

溶けてしまうと風味が半減します。

イカの塩辛をたっぷりのせたら、ボナペティ〜！

◎イクラやウニ、キャビアをのせても。キャビアはちょっと贅沢ですけど、これがまた合うんですよ。

🍶この料理にはコレ！

日本酒
純米 吟風國稀
生産者：國稀酒造
生産地：北海道

このじゃがいもに合わせるとなれば、日本酒しかありません！ イカの塩辛には北海道最北端の日本酒。僕の故郷、増毛の酒です。

じゃがいものピューレ
Purée de pommes de terre

調理時間　7分
※じゃがいもを塩茹でする時間は除く
難易度　★★☆

究極のじゃがいも料理！

フランス人が食べるじゃがいも料理の中でもとびきりおいしいのがこれ。今は亡き偉大な料理人、ジョエル・ロブションがつくったじゃがいものピューレも究極の一品として語り継がれています。これは、家庭でもできる簡単バージョンです。じゃがいもの味もバターの香りも豊かで、シンプルの極みなのに素晴らしいでき。肉、魚、パスタなど

あらゆる料理に合います。

🍳材料（2人前）

じゃがいも ……………………………… 300g
牛乳 ……………………………………… 80ml
バター（食塩不使用） ……………… 50g
塩、白こしょう ……………………… 適量

＊じゃがいもは茹でると崩れやすい男爵いもなどがおすすめ。

🍳つくり方

1. じゃがいもは皮つきのまま塩茹でし、熱いうちに皮をむいてつぶす。
2. 鍋で牛乳を60〜70℃に温め、温かいじゃがいもを少しずつ加え素早く練り混ぜる。
3. 火からおろして塩、こしょうをふる。火にもどして素早く練る。
   ◎焦げつかないように味つけのたびに火からおろします。
4. 3.をもう一度行う。火からおろしてバター（半量）を加え素早く練る。残りのバターを加え練る。

ボナペティ〜！

◎プロは最後にこして、もっとねっとりとさせますが、ご家庭でならこのなめらかさでも十分でしょう。

🥂この料理にはコレ！

スパークリングワイン
クレマン・ダルザス・ブリュット
Crémant d'Alsace Brut
生産者：フライシャー　Fleischer
生産地：フランス、アルザス地方

4品種を合わせた大人の味。オレンジの香りがほのかにして素晴らしい熟成です。

前菜
つけ合わせ

じゃがいものリヨネーズ

ウフ・ブルイエ

じゃがいもの リヨネーズ

Pommes de terre lyonnaises

調理時間　7分
※じゃがいもを塩茹でする時間は除く
難易度　★☆☆

玉ねぎをじっくり炒めて
甘味を引き出す。

リヨンといえば「じゃがいものリヨネーズ」。フランス料理の王道です。材料はシンプルなのに想像以上においしいんですよ。肉、魚、いろんな料理のつけ合わせにもなります。味が濃厚なのでステーキや赤ワインソースなどと合いますね。

材料（4人前）

じゃがいも	小6個
玉ねぎ（くし形切り）	½個
パセリ（みじん切り）	1枝
塩、白しょう	適量
バター（食塩不使用）	50g

＊じゃがいもは煮崩れしないように小さめのメークインがおすすめ。

◎つくり方

前菜 つけ 合わせ

1. じゃがいもは皮つきのまま塩茹でし、皮をむいて厚さ1cmに切る。
2. 中火のフライパンにバター（半量）を熱し、玉ねぎを炒める。軽く塩、こしょうをふる。
　◎玉ねぎに色をつけないようにゆっくりと炒めて甘味を引き出します。この炒め具合が味の善し悪しを決めます。
3. 玉ねぎが透き通ってきたら、じゃがいもを加え、軽く塩、こしょうをふる。残りのバターを加えからめる。パセリを

加え塩、こしょうで味をととのえる。
◎じゃがいもが崩れないように温まる程度に炒めます。

ボナペティ〜！

◎ この料理にはコレ！

白ワイン
ボージョレ・ヴィラージュ・ブラン
Beaujolais Villages Blanc
生産者：ドメーヌ・ド・ラ・マドンヌ
Domaine de la Madone
生産地：フランス、ブルゴーニュ地方

ウフ・ブルイエ

Œufs brouillés

調理時間　8分
難易度　★☆☆

スープみたいな
とろっとろスクランブルエッグ。

サワークリームとイクラをトッピング。サワークリームの酸味が非常にいいアクセントになります。パーティやお祝いの席にぜひつくってください。

◎ 材料（4人前）

卵	4個
生クリーム	大さじ1
バター	15g
サワークリーム	適量
イクラ（塩漬け）	適量
塩、白こしょう	適量

◎つくり方

1. 卵は卵割り器で殻の上部を取り除く。

中身をボウルに移し、殻の中を水洗いする。卵1個が入る大きさの器に塩をしいて、卵の殻を立てて安定させる。
◎卵割り器が簡単ですが、道具がなければ小さなカップに盛るのも素敵です。

2. 1.でボウルに移した卵に、塩、こしょう、生クリームを加えてフォークで混ぜる。

3. 中火の鍋にバターを熱し、2.を加え、ホイッパーでよく混ぜる。少し固まった半熟のところで火を止め、さらに混ぜ続ける。
◎ホイッパーを使うと、なめらかでとろっとろになります。途中で火を止めるのがポイント。とろとろの状態で完成です。

4. 殻の器の7割まで卵を入れ、サワークリームをのせてイクラをたっぷり入れる。

ボナペティ〜！

◎レストランでは、キャビア、ウニ、トリュフ、フォワグラもトッピングに使います。ご家庭なら、カリカリベーコンや生ハム、細長く切ったトーストもいいですね。

◎ この料理にはコレ！

スパークリングワイン
クレマン・ド・ロワール　ブリュット
Crémant de Loire Brut
生産者：シャトー・ド・ロレ
Château de L'Aulée
生産地：フランス、ロワール地方

フランス式目玉焼き

日本式目玉焼き

フランス式目玉焼き
Œufs cocotte au four

{ 調理時間　5分 }
{ 難易度　★☆☆ }

三ツ星シェフが考えた
美しい目玉焼き。

フランスの三ツ星シェフが考えた
目玉焼きですよ。1980年代以降、
出汁や油脂などを極力排して
「水の料理」を提唱した、今は亡き
名シェフ、ベルナール・ロワゾー氏の
レシピです。最初に卵白だけを
軽く焼き、卵黄をのせたら高温の
オーブンでさっと焼き上げる、美しく
絶妙な火入れの目玉焼きです。
味つけはバルサミコ酢に、
僕のアレンジで醤油パウダーを少々。
黄身を崩してとろとろのソースにして
いただくと、完璧なトリプル・グーです！

🍳材料(1人前)

卵(卵黄と卵白に分ける)…………2個
バター(食塩不使用)………………5g
水………………………………小さじ1
バルサミコ酢…………………………少々
醤油パウダー…………………………少々
塩、白こしょう……………………適量

🍳つくり方

[準備] オーブンを250℃に温めておく。
1. 中火のフライパンの中に耐熱皿を入れ
る。器に水、バターを入れ、軽く塩、こ
しょうをふる。バターが溶けたら卵白
を加える。卵白のまわりがグツグツし
て少し固まり始めたら、火を止めて卵
黄をのせる。
◎卵白にできた気泡はフォークでつぶ
してください。そうするときれいな目

玉焼きになります。
2. オーブンで1分30秒火を入れる。卵白
にバルサミコ酢を数滴垂らし、黄身に
醤油パウダーをふる。

黄身をスプーンでつぶして
ボナペティ～！

🍳この料理にはコレ！

スパークリングワイン
カステルブラン ブリュット レセルバ
Castellblanc Brut Reserva
生産者：カステルブラン　Castellblanc
生産地：スペイン

日本式目玉焼き
Œufs au plat

{ 調理時間　5分 }
{ 難易度　★☆☆ }

黄身はソースにして
ピザのようにたたんでスプーンで！

日本式の目玉焼きは黄身と白身を
一緒に、フライパンだけで焼きます。
味つけはバター醤油。焦がした
バターと醤油は、ご存じのように
めちゃめちゃ相性がいいですよね。
今回はそこに桜海老の香りをのせました。
いろんな日本の乾物でアレンジできます。
白身はまわりがチリチリ、カリカリッと
なるまで焼き、黄身は半熟程度に
仕上げ、これもつぶしてとろとろ
ソースにして白身とともにいただきます。
たまりません。最高です。

🍳材料(1人前)

卵………………………………………2個
塩、白しょう…………………………適量
オリーブオイル………………………少々
ソース
　バター(食塩不使用)………………15g
　干し桜海老…………………………10g
　醤油……………………………小さじ1

＊醤油は「亀甲萬 御用蔵醤油」(キッコーマン)
が大好きでおすすめ。

🍳つくり方

[準備] ボウルに卵を割っておく。
1. 中火のフライパンにオリーブオイルを
薄く塗り、卵を入れる。軽く塩、こしょ
うをふり、じっくりと焼く。半分程度火
が入ったら弱火にし、白身の大半が焼
けたら皿に盛る。
◎桜海老があるので、塩、こしょうは軽く。
◎黄身は黄色の色味を残すのがポイン
トなので、ふたはしません。火加減は
白身のまわりがパチパチいうくらいが
おいしくできます。白身の中央は多少
ゆるくても、後で熱々の桜海老をのせ
て火を入れるので大丈夫です。
2. 同じフライパンにバターを熱し、桜海
老を炒める。バターが色づいてきたら、
醤油を加え、火を止めて合わせる。1.に
ふりかける。
◎桜海老を長く炒めると水分が飛びす
ぎるので、手早く炒めてください。

ボナペティ～！

前菜
つけ
合わせ

🍳この料理にはコレ！

ロゼワイン
クラモール オーガニック ロゼ
Clamor Organic Rosé
生産者：ライマット　Raimat
生産地：スペイン

ウフ・マヨネーズ
Œuf mayonnaise

{ 調理時間　15分 }
{ 難易度　★☆☆ }

分離しないようにつくるのはプロでも大変！でも、シンプルで昔懐かしい味はほっとします。

茹で卵にマヨネーズをのせる、実にシンプルな料理です。これもフランスの伝統料理ですが、最近はマヨネーズをつくって茹で卵にのせて食べる食習慣が減り、シェフたちが何とか残そうと、ビストロのメニューに復活させています。マヨネーズを手づくりすると、安心感のある、昔懐かしい味がしますよ。ぜひ、この味をお子様に伝えてください。簡単に黒こしょうでも、贅沢にウニでも、お好きなトッピングをしてもよいです。

🍳材料（1〜2人前）

卵 ……………………………… 2個
ベビーリーフ ………………… 適量
自家製マヨネーズ（右レシピ参照）…… 適量

🍳つくり方

1. 鍋にたっぷりの湯を沸騰させ、卵を静かに入れ、10分茹でる。茹で終わったら、すぐ氷水に入れ、しっかり冷やしてから殻をむく。再び氷水に入れておく。
◎すぐ氷水に入れることで殻がつるっとむけます。

2. ベビーリーフをしいた上に切り分けた茹で卵をおく。スプーンを2本使ってマヨネーズをラグビーボール形にととのえ、卵にのせる。
◎茹で卵を切る時は、ナイフで押し切りしながら左右に小刻みに揺らすときれいに切れます。白身にウェーブがつきます。

ボナペティ〜！

自家製マヨネーズ
Mayonnaise

{ 調理時間　8分 }
{ 難易度　★★★ }

🍳材料

卵黄 ……………………………… 1個分
和がらし ………………………… 5g
サラダ油 ………………………… 150cc
白ワインビネガー（なければ米酢、レモン汁）
……………………………… 小さじ2
塩、白こしょう ………………… お好みで

＊使わなかった卵白は冷凍保存しておく。

🍳つくり方

1. ボウルに卵黄、からしを入れ、ホイッパーでよく混ぜ合わせる。
◎ここでよく混ぜておくことがポイントです。

2. サラダ油をスプーンでボウルの端から少しずつ垂らして混ぜ合わせる。固まってきたら、途中で白ワインビネガー（半量）を加える。
◎黄身もサラダ油も油脂分なので混じりにくいのですが、ホイッパーで空気を入れながら混ぜると少しずつ乳化していきます。からしもつなぎ役になっています。

3. 再びサラダ油を少しずつ加え、固まってきたら多めに加える。すべて加えたら、残りのビネガーも加えて混ぜ合わせる。塩、こしょうで味をととのえる。

お好みの野菜とともにボナペティ〜！！

◎マヨネーズは何万回とつくっていますが、丁寧にやらないとすぐ分離しちゃいます。マヨネーズがうまくできた時は、頭の上でボウルをひっくり返しても落ちてきません！

🍷この料理にはコレ！

スパークリングワイン ｜ **ドス・ルストロス　Dos Lustros**
生産者：カステルブラン　Castellblanc
生産地：スペイン

ライムのかすかな風味が素敵です！スパークリングワインは口の中をさっと洗い流し、一からまた料理を楽しめる役割もしてくれます。

油は、卵黄から離れたところでポタポタと少しずつ加えると分離しません。できれば油を入れる人と混ぜる人の2人でやってください。

キッシュ・ロレーヌ
Quiche e lorraine

{ 調理時間　50分 } ※粗熱を取る時間は除く
{ 難易度　★★☆ }

ロレーヌ地方のキッシュに 日本バージョンでねぎを入れる。

伝統的には具材が
シャルキュトリー（塩漬け豚肉）のみ。
日本でよく使われるチーズや
ナツメグ、玉ねぎは入りませんが、
ここでは日本バージョンで。
玉ねぎの代わりに柔らかくて甘い
軟白ねぎを使います。
パンチェッタが入ると、
塩味がピシッと決まりますよ。

●材料（長径18cmのパウンド型、880ml）

冷凍パイシート	1枚
パンチェッタ（生ベーコン）	50g
ねぎ（斜め薄切り）	1本（100g）
小麦粉（打ち粉）	適量
A　卵	L3個
生クリーム	½カップ
牛乳	½カップ
ナツメグ	少々
ピザ用チーズ	30g
塩、白こしょう	適量

＊冷凍パイシートはニップン製がおすすめ。
＊ねぎは秋から春に出る「軟白ねぎ」がおすすめ。

●つくり方

[準備]クッキングシートを器にすっぽり入る大きさに切る。パイシートをシートより小さめに伸ばし、シートと一緒に型にしいて冷蔵庫で冷やしておく。オーブンは180℃に温めておく。

1. ボウルで**A**を混ぜ合わせる。塩、こしょうで味をととのえる。
   ◎パンチェッタが入るので塩、こしょうは控えめに。

2. 強火でフライパンを熱し、パンチェッタを炒める。ねぎを加えさっと炒める。フライパンから取り出し、粗熱を取る。
   ◎ねぎは強火でさっと炒めないとべちゃっとなってしまいます。また、オーブンで火を通すので軽く炒める程度で大丈夫。カリカリベーコンがお好きな方は長めに焼いてください。パンチェッタに塩分があるので塩、こしょうはしません。

3. **1.**に**2.**を加え混ぜる。チーズを加え混ぜたら塩、こしょうで味をととのえる。型に流し、オーブンで40分焼く。粗熱を取る。
   ◎竹串を刺して10秒を数えてから抜き、何もくっつかなければ火が通っている証拠。これをチェックしてオーブンから取り出します。休ませれば余熱でしっかり火が入り、生地が落ち着きます。

切り分けたら、ボナペティ～！

◎はみ出たパイ生地が気になる方は、ハサミで切ってととのえるのも手ですが、このままでもうさぎの耳みたいでかわいいですよ。

●この料理にはコレ！

白ワイン **クリット ピノ・ブラン　Kritt Pinot Blanc**
生産者：マルク・クライデンヴァイス　Marc Kreydenweiss
生産地：フランス、アルザス地方

キッシュといえばアルザスワイン。アルザスの白はインパクトがあります。これはマスカットと熟したはちみつの香りが素敵です。

チーズスフレ
Soufflé au fromage

スフレを持ち上げるには よく練ってコシと光沢を出すこと。

〔 調理時間　35分 〕
〔 難易度　★★☆ 〕

日本人はスフレが大好きですね。熱々で食べるふわふわ食感がたまりませんね。一般には甘いスフレが多いですが、これは砂糖を使わずチーズを混ぜたスフレ。塩味なので、スフレ・サレ（サレは塩）と言います。砂糖を入れないのでメレンゲが立ちにくく、ちょっと力が必要ですが、塩味スフレもおいしいです。チーズの香りに満ちて、寒い日に絶好の料理ですね。メレンゲを泡立てたら、焼くまで大急ぎで進めてください。時間との勝負です。

🟤 材料（直径10cmのココット3個分）

牛乳	¾カップ
小麦粉	15g
バター（食塩不使用）	20g
卵（卵黄と卵白に分ける）	2個
チーズ（すりおろす）	50g
ナツメグ	ひとつまみ
塩、白こしょう	適量

＊チーズはグリュイエールを使用。粉チーズでも。

🟤 つくり方

[準備] 耐熱容器にバター（分量外）をハケで塗って小麦粉（分量外）をまぶし、冷蔵庫で冷やしておく。オーブンは180℃に温めておく。牛乳を人肌に温めておく。

1. 弱火の鍋にバター、小麦粉を入れ、木べらで炒める。牛乳を少しずつ加え混ぜる。
   ◎鍋底をかくイメージで混ぜます。白いスフレなので、小麦粉を炒める時に焼き色をつけないように。牛乳は人肌に温めておくことでダマになりません。

2. とろみがついてきたら、チーズを加え、コシと光沢が出るまでよく混ぜる。
   ◎生地がゆるいとスフレが持ち上がらないので、丁寧によく練ってください。

3. 火を止めて、卵黄を1個ずつ加え混ぜる。ナツメグを加える。ボウルに移し、混ぜて粗熱を取る。軽く塩、こしょうをふる。冷蔵庫で冷やす。
   ◎生地が熱いうちに卵黄を加えるとダマになりやすいので、1個ずつ入れて手早く混ぜることがポイント。

4. 卵白を泡立ててメレンゲにし、2回に分けて3.に混ぜ合わせる。素早く器に移し、5cmほどの高さから、タオルをしいた台にココットごと数回落として空気を抜く。オーブンで20分焼く。
   ◎卵白を泡立てるボウルを冷蔵庫で冷やしておくと、泡立てやすくなります。メレンゲを3.に加える際、1回目はしっかり混ぜて、2回目は軽く合わせる程度に。混ぜすぎるとスフレがふくらみにくくなります。メレンゲの泡がしぼまないうちに手早くオーブンへ！

スプーンでボナペティ～！

前菜
つけ
合わせ

◼ この料理にはコレ！

スパークリングワイン　クレマン・デュ・ジュラ　Crémant du Jura
生産者：アンリ・メール　Henri Maire
生産地：フランス、ジュラ地方

シャンパーニュと同じ瓶内発酵のジュラ産スパークリング。はちみつの香りがほんのりして、塩味のチーズスフレにぴったりです。

グジェール
Gougères

〔調理時間　35分〕
〔難易度　★★☆〕

サラミが入って
ワインとの相性抜群！

グジェールは古くからある料理です。シュークリームの外側の生地だけを小さく焼いたもので、パーティの始まりに、シャンパーニュなどと一緒につまむ食べ方が多いです。基本はチーズ味ですが、ご紹介するのはすりおろしたサラミ入りの三國バージョン！ サラミが好きなこともありますが、ワインとの相性が抜群によくなるんです。ふわっと柔らかくて、愛嬌のある姿がいいでしょう？ 多少膨らみが悪くてもよいので、ぜひトライしてください。

🍥材料（約35個）

水 ································ 120ml
バター（食塩不使用）··················· 50g
塩（天然塩）························· 5g
小麦粉（強力粉）····················· 70g
卵（卵黄と卵白に分ける）··············· 2個
ハードタイプのチーズ（すりおろす）···· 30g
サラミ（すりおろす）················ 好みの量

＊チーズはコンテチーズがおすすめ。

🍥つくり方

[準備] オーブンを180℃に温めておく。

1. 鍋に水、バター、塩を入れ強火にかける。沸騰したら、火を止めて小麦粉を一気に加え、木べらで素早く混ぜる。鍋から生地がはがれてなめらかになるまで混ぜ続ける。卵黄を1個ずつ加え混ぜる。卵白を加え混ぜる。粘り気が出るまで練ったら、チーズとサラミを加え混ぜる。
   ◎鍋底をかくイメージで、素早くよく練ってコシを出すのがポイントです。卵黄を混ぜてから卵白を加えるとダマができず失敗しないです。卵白を混ぜる時は鍋を傾けると混ぜやすくなります。結構力仕事ですが、とろっとしたら生地の完成。

2. 絞り袋に詰める。クッキングシートをしいた天板に直径2〜3cmの渦巻き状に絞る。ぬるま湯で指を濡らし、先端の尖っているところをやさしく押さえる。
   ◎絞る前でもおいしそうです。天板に4か所ほど、生地を少量絞ってからシートをしくと滑り止めになります。余ったら冷凍してもOK。

3. オーブンで約20分焼く。
   ◎注意してほしいのは、カリッと焼き上げること。きちっと焼き切らないとオーブンを開けた瞬間にしぼんでしまいます。小さめだと早く焼き上がります。

ボナペティ〜！

◎多めに焼いて冷凍するのもよしです。
◎中にホイップクリームやクリームチーズなどを入れると、立派な前菜になります。
◎チーズやサラミを使わず、小さく絞ってあられ糖をまぶして焼けば、シューケットというかわいいお菓子になります。

🍥この料理にはコレ！

シャンパーニュ　ドラピエ ブリュット ナチュール　Drappier Brut Nature
生産者：ドラピエ　Drappier
生産地：フランス、シャンパーニュ地方

シャンパーニュの中でも非常にドライで、ハーブや洋ナシが香ります。
フランスの元大統領、シャルル・ド・ゴールが大変好んだと言われています。

前菜
つけ合わせ

125

ガーリックトースト

焼きカマンベールのチーズフォンデュ

ガーリックトースト
Toast à l'ail

{ 調理時間 10分 }
{ 難易度 ★☆☆ }

にんにくとオイルが中まで染みて
外はカリッ。

基本形はにんにくとオリーブオイル
だけですが、三國流はトッピングを
のせて一品料理のよう！ 風味も
増してますますおいしくなっています。
バゲットのまわりがこんがり焼けて、
にんにくとオイルが中まで染みて、
食欲を呼び起こす、まさにアペタイザー。
おしゃれで素敵でしょう。

◉材料

バゲット（食べやすい大きさに切る）…… ½本
A　にんにく（すりおろす）…………… 1片
　　オリーブオイル ………… 大さじ2
　　ドライトマト（刻む）………… 大4片
　　パセリ（みじん切り）…………… 1枝
　　ローズマリー（あれば、みじん切り）… 少々
塩 ………………………… ひとつまみ

＊ドライトマトがなければ、アンチョビ、オリー
　ブ、チーズ、桜海老、しらすなどお好みで。

＊ハーブの茎は入れない。ローズマリーは風味
　が強いので、できるだけ細かく。

◉つくり方

1. ボウルでAを混ぜ合わせる。塩を加える。
2. バゲットの真ん中に1.をのせ、200℃
　のトースターで5分焼く。
　◎バゲットの両端にはのせず、焼き色
　をつけてカリッとさせます。こんがり
　焼けたら完成。

ボナペティ～！

◉この料理にはコレ！

白ワイン

デ・ローチ シャルドネ
DeLoach Chardonnay
生産者：デ・ローチ・ヴィンヤーズ
DeLoach Vineyards
生産地：アメリカ、カリフォルニア州

デリケートで青りんごの香りが
ほのかにします。にんにくとオリーブ
オイルの風味にぴったりですね。

焼きカマンベールの
チーズフォンデュ
Camembert au four dans sa boîte

{ 調理時間 20分 }
{ 難易度 ★☆☆ }

チーズを木箱ごとオーブンへ！
賞味期限の近いチーズが
おいしくて狙い目。

これはノルマンディー地方のチーズの
楽しみ方。同地を代表するチーズ、
カマンベールをなんと木箱ごと
オーブン焼きにするんです。とろりと
とろけたところをバゲットやりんごに
からめていただく、まさに
チーズフォンデュですね。ちょっと
びっくりの提供法ですが、インパクト
があって、香り高くて、スペシャルな夜を
演出してくれますよ。

◉材料

カマンベール（木箱入り）…………… 1個
A　タイム（茎までみじん切り）……… 少々
　　ローズマリー（葉をみじん切り）…… 少々
はちみつ ………………………… 大さじ2

りんご（お好みで、皮つきを一口大）……… 適量
バゲット（お好みで、一口大）………… 適量

＊高級なナチュラルチーズは賞味期限が近い
　値引き商品が狙い目。それだけ熟成も進ん
　でいる証拠。

＊はちみつは藤原養蜂場の「皇居周辺蜜（国産）
　マロニエ」がおすすめ。

＊りんごは、レモン汁をまぶして色止めしておく。

◉つくり方

[準備]オーブンを180℃に温めておく。
1. カマンベールを横半分に切り、切り口
　を上にして木箱の器とふたに入れる。
　はちみつをかけ、Aをふりかける。
　◎たっぷりはちみつをかける場合は、
　天板にクッキングシートをしいたほう
　がよいです。
2. オーブンで15分焼く。
　◎はちみつが木箱からこぼれていた
　ら、少量の水をかけて溶かせばキャラ
　メルソースに。焼いたチーズにかけれ
　ば、これもまたおいしいです。

りんごやバゲットと一緒に
ボナペティ～！

◉この料理にはコレ！

シードル

シードル・アルジュレット
Sydre "Argelette"
生産者：エリック・ボルドレ
Eric Bordelet
生産地：フランス、ノルマンディー地方

当たり前ながら原材料のりんごの
香りが心地よいです。洋ナシの香りも
若干します。同じノルマンディーの
チーズとお酒で、最高に合います。

前菜
つけ
合わせ

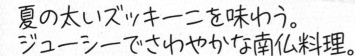

ズッキーニの ファルシグラタン
Courgette farcie

{ 調理時間　35分 }
{ 難易度　★★☆ }

夏の太いズッキーニを味わう。ジューシーでさわやかな南仏料理。

夏につくりたいグラタンです。
ズッキーニを器にし、詰め物を入れたら
チーズをのせて丸ごと焼きます。
食べるとびっくりですよ。ズッキーニの
なんと柔らかくみずみずしいこと！
水分が流れ出ないよう皮が
ブロックしてくれるので、ジューシーに
焼き上がるんです。身の詰まった
太いズッキーニでつくるのが
ポイントですね。詰め物の具材は
野菜、きのこ、サラミなどお好みで。
南仏のさわやかな食卓のようです。

◉材料（2〜4人前）

ズッキーニ	2本
玉ねぎ（みじん切り）	¼個
にんにく（みじん切り）	½片
えのきたけ（ざく切り）	¼パック
A ┌ ミニサラミ（大きければ切る）	10個
└ 豆と雑穀のミックス（キューピー）	40g（1袋）
卵	1個
トマトソース	スプーン4杯
ピザ用チーズ	適量
塩、白こしょう	適量
オリーブオイル	小さじ2

＊焼いた後にタイム（フレッシュ）を添えると、
より南フランスらしい味に。ドライなら**2.**で
加える。

◉つくり方

[準備] オーブンを200℃に温めておく。

1. ズッキーニは縦半分に切り、身に斜め
に包丁を入れて舟形にくりぬく。安定
するように、底になる面を薄く切り取
る。天板にアルミホイルをしき、オリー
ブオイル（少々）を塗って、ズッキーニを
並べる。軽く塩、こしょうをふる。くり
抜いたものと切り取った皮を刻む。

2. 中火のフライパンに残りのオリーブオ
イルを熱し、玉ねぎ、にんにくを順に加
え炒める。玉ねぎがしんなりしたら、
刻んだズッキーニ、えのきたけを加え、
塩、こしょうをふる。しんなりしたら、
Aを加え炒める。塩、こしょうで味をと
とのえる。ボウルに移し、卵を加え混
ぜる。

◎オーブンで火を入れるので、シャキ
ッとした食感が少し残るくらいで火を
止めます。
◎卵は必須ではないですが、味に深み
が出ておいしくなり、つなぎにもなり
ます。ボウルに移してから加えてくだ
さい。

3. ズッキーニに**2.**を詰めて、トマトソース
をかけ、チーズをのせる。オーブンで
18〜20分焼く。チーズがこんがり焼
けたら完成。
◎トマトソースは詰め物に和えてもい
いですが、上にかけたほうがトマトの
インパクトが出ます。

ボナペティ〜！

前菜
つけ合わせ

◉この料理にはコレ！

白ワイン　**サンセール ブラン ル・マノワール　Sancerre Blanc Le Manoir**
生産者：アルフォンス・メロ　Alphonse Mellot
生産地：フランス、ロワール地方

サンセールはすっきりした味わいですが、これはミントと青りんごの
香りがしますよ。ミントの香りは、南フランスの料理にぴったりです。

キャベツとベーコンの水煮

きのこのソテー

キャベツとベーコンの水煮
Soupe au chou simple

〔調理時間　20分〕
〔難易度　★☆☆〕

焼いたベーコンと煮るだけで
驚きのおいしさ！

キャベツがおいしい季節にはこれ。
ベーコンを加えて水で煮るだけで、
これだけの味と風味が出るって
いうのは驚きです。煮加減は
シャキシャキが少し残るくらいから
クタクタまでお好みで。

◉材料（2人前）

キャベツ（芯を残して縦半分）‥‥‥‥‥‥ ¼個
ベーコン（サイコロ状）‥‥‥‥‥‥‥‥‥ 80g
にんにく ‥‥‥‥‥‥‥‥‥‥‥‥‥‥‥ 1片
ローリエ（あれば）‥‥‥‥‥‥‥‥‥‥‥ 1枚
水 ‥‥‥‥‥‥‥‥‥‥‥‥‥‥‥‥‥ 2カップ
オリーブオイル ‥‥‥‥‥‥‥‥‥‥‥ 小さじ2
塩、白こしょう ‥‥‥‥‥‥‥‥‥‥‥‥ 適量

＊キャベツは芯を残しておくことで、煮込んで
　もばらばらにならない。

＊ベーコンはブロックを切ったほうが食べごた
　えがあり、味と風味もよく出る。

◉つくり方

1. 中火の深鍋でベーコンを炒めて、焼き
   色をつける。
   ◎ベーコンから出てくる脂で炒めます。
   だんだん鍋底に焼き汁がついてきます
   が、ここにおいしさの素があります。
2. 残りの材料を加え強火にする。塩、こ
   しょうで味をととのえる。沸騰したら、
   ふたをして中火で15分煮る。

◎ふたをする前にキャベツに汁を回し
かけてください。味が染みるように途
中でも何度もかけるといいですよ。

キャベツが柔らかくなったら
ボナペティ〜！！

┌─────────────────────┐
◉この料理にはコレ！

白ワイン
ヴィッラ・ボルゲッティ ソアーヴェ
クラシコ
Villa Borghetti Soave Classico
生産者：パスクア　Pasqua
生産地：イタリア、ヴェネト州
└─────────────────────┘

きのこのソテー
Champignons sautés

〔調理時間　5分〕
〔難易度　★☆☆〕

ポイントは
「切り方、炒める順番、火加減」。

シャキシャキでジューシーに仕上げる
ポイントは、きのこを同じくらいの
大きさに切り、、強火で硬い順に
さっさっと炒めること。これらを守れば、
きのこが立って、こりこり、シャキシャキの
理想の歯ごたえが得られますよ。

◉材料

きのこ（好みのもの、同じ大きさに切る）‥‥ 200g
にんにく ‥‥‥‥‥‥‥‥‥‥‥‥‥‥‥ 1片
オリーブオイル ‥‥‥‥‥‥‥‥‥‥‥ 大さじ1
バター（食塩不使用）‥‥‥‥‥‥‥‥‥‥ 15g
塩、黒こしょう ‥‥‥‥‥‥‥‥‥‥‥‥ 適量
サラダ用葉野菜 ‥‥‥‥‥‥‥‥‥‥‥‥ 適量

＊きのこは、しいたけ、まいたけ、霜降りひらた

け、エリンギを使用。

なるべく大きさをそろえると、同じように火が通り、
ベチャッとしません。これが最大のポイントです。

◉つくり方

[準備]にんにくをフォークに刺しておく。
◎にんにくを焦がすことなく、食材に
香りをつけられます。
1. 強火のフライパンにオリーブオイルを
   熱し、にんにくを刺したフォークをオイ
   ルにつけて、軽く香りをつける。きのこ
   を硬い順に加え炒める。途中、塩、こし
   ょうをふる。約1分炒めたら中火にし
   てバターを加え、塩、こしょうをふり、軽
   く炒める。
   ◎火が弱すぎてもいけません。煙が出
   るくらいがちょうどいい火力です。
2. 皿に葉野菜を盛りつけ、1.をのせ、塩、
   こしょうをふる。

ボナペティ〜！

┌─────────────────────┐
◎にんにくは他の料理に再利用して
ください。
└─────────────────────┘

┌─────────────────────┐
◉この料理にはコレ！

白ワイン
サン・ヴェラン　Saint Véran
生産者：ピエール・ポネル
　　　　Pierre Ponnelle
生産地：フランス、ブルゴーニュ地方
└─────────────────────┘

野菜のテリーヌ

玉ねぎの丸焼きと塩昆布ソース

野菜のテリーヌ
Farci charentais

⎰ 調理時間　40 分
※野菜を下茹でする時間、
　最後の休ませる時間は除く
難易度　★★☆

野菜は切れ端でも
余ったものでもなんでも OK。

ゼリーで固めた冷製が一般的ですが、
これは卵を入れてオーブン焼きに。
野菜がぎっしり入っているので
「畑のパテ」とも呼ばれます。香辛料が
入らず、ピュアな野菜の味がヘルシー。
パーティ、お弁当、つくりおきにも
おすすめです。

材料 (長径18cmパウンド型、880ml)

ほうれん草 (下茹でしぼり切り)	1袋
キャベツ (下茹でしぼり切り)	3枚
長ねぎ (小口切り)	1本
玉ねぎ (みじん切り)	½個
にんにく (みじん切り)	½個
ベーコン (みじん切り)	60g
パセリ (みじん切り)	1枝
卵	L2個
牛乳	30ml
塩、白こしょう	適量
バター (食塩不使用)	15g
小麦粉	適量

つくり方

[準備] 型にバター (分量外) をたっぷり塗り、
軽く小麦粉をふる。オーブンを180℃に
温めておく。

1. 中火のフライパンにバターを熱し、ベー
コンを炒める。玉ねぎ、にんにく、長
ねぎを順に加えながら炒め、軽く塩、こ
しょうをふる。ねぎがしんなりしたら、
バットに広げて粗熱を取る。

◎玉ねぎの辛みが取れる程度に、焼き
色をつけないように炒めます。
2. ボウルに1.、残りの野菜、パセリ、卵、牛
乳を混ぜ合わせ、塩、こしょうで味をと
とのえる。型に流し、卵液が浮いてく
るまでへらなどで上から押さえる。
5cmほどの高さから、タオルをしいた
台に器ごと数回落として空気を抜く。
オーブンで25分焼く。取り出して10
分休ませる。
◎お好みでナツメグを入れてもおいし
いです。

切り分けたら、ボナペティ～!

この料理にはコレ!

白ワイン

レトワール アン・バノード
L'Etoile "En Banode"
生産者:ドメーヌ・ド・モンブルジョ
Domaine de Montbourgeau
生産地:フランス、ジュラ地方

玉ねぎの丸焼きと塩昆布ソース
Oignons rôtis au four

⎰ 調理時間　50 分
難易度　★☆☆

とろとろの玉ねぎにアキアミや
昆布の香りとうま味がたまらない。

玉ねぎを丸ごとアルミホイルで包ん
でオーブン焼きに。塩昆布や
アキアミなど身近なうま味食材を一
緒に包むと、玉ねぎから染み出す汁と
混ざっておいしいソースになります。
玉ねぎがとろっとして、海老や

にんにくの香りと昆布の
うま味がたまらなくおいしいです。

材料 (3人前)

玉ねぎ	3個
アキアミ (釜揚げ)	50g
塩、白しょう	適量
ソース	
塩昆布	3つまみ
乾燥にんにく (キューピー)	10g (1袋)
オリーブオイル	大さじ3

＊アキアミは、桜海老でもよい。

つくり方

[準備] オーブンを200℃に温めておく。

1. 玉ねぎの頭に十字の切り込みを、半分
以上の深さまで入れる。2枚重ねたアル
ミホイルの上に玉ねぎを1個おき、切り
込みにソースの材料を入れ、軽く塩、
こしょうをふり、包む。残りも同様に。
2枚重ねたアルミホイルの上にアキア
ミをおき、オリーブオイルをかけて包
む。
2. 耐熱容器に1.の玉ねぎ、残りのオリー
ブオイルを入れ、オーブンで40分焼く。
30分したら、アキアミも入れて焼く。
◎玉ねぎから汁が出てきて、下のオイ
ルがおいしいソースになります。

玉ねぎにアキアミとオリーブ
オイルをかけたら、ボナペティ～!

この料理にはコレ!

赤ワイン

山崎ワイナリー ピノ・ノワール
Yamazaki Winery Pinot Noir
生産者:有限会社山崎ワイナリー
生産地:北海道

前菜
つけ
合わせ

ラタトゥイユ

夏野菜のパイ

ラタトゥイユ
Ratatouille

{ 調理時間　15分 }
{ 難易度　★☆☆ }

蒸し煮にして野菜の
おいしさを引き出す。

南フランスの野菜煮込みです。
とりわけシンプルな材料でシンプルに
つくる調理法をお教えします。最初に
野菜の水分を引き出す「エテュヴェ」
というテクニックを使います。前菜の
他、肉や魚のつけ合わせにもOK。
鶏肉などを加えて味わいの深い
一品料理にすることもできます。

🍳材料（3〜4人前）

A	なす（乱切り）	½本
	ズッキーニ（乱切り）	½本
	玉ねぎ（角切り）	¼個
	パプリカ（なければキャベツ、角切り）	¼個
	にんにく	½片
B	トマト（角切り）	1個
	トマトジュース	½カップ
	オリーブオイル	大さじ1
塩、白こしょう		適量

🍳つくり方

1. 鍋にAを入れ、ふたをして弱火で約3分
   蒸し煮にする。
   ◎最初に野菜だけで蒸し煮にします。
   水分を加えず、野菜自体の水分を引き
   出すと、水っぽくならず野菜のうま味
   が十二分に生かせます。密閉性の高い
   鍋がおすすめです。
2. 全体を軽く混ぜ合わせ、Bを加える。
   ふたをして中火で約3分煮込む。塩、こ
   しょうをふる。
   ◎僕好みのシャキッとした食感が残り

ます。もっと柔らかくさせたい方は、
後3分ぐらい煮てください。

熱々でも！　冷やしても！
ボナペティ〜！

◎粗熱を取って密閉容器に移し冷蔵
庫へ。一晩寝かせたほうが味が交
わってバランスが良くなります。

🍳この料理にはコレ！

【白ワイン】
ロシュ・マゼ ヴィオニエ
Roche Mazet Viognier
生産者：ロシュ・マゼ　Roche Mazet
生産地：フランス、ラングドック＝ル
ーション地方

夏野菜のパイ
Feuilleté aux légumes d'été

{ 調理時間　70分 }
{ 難易度　★★☆ }

ジューシーな野菜に
豪快なカマンベールが贅沢。
サクサクッと焼き上がるパイは
絶品ですね。夏野菜は2〜3種類あれば
なんでもOK。カマンベールの塊も
のせます！濃厚でとろっとした
焼き上がりのチーズがおしゃれです。
ブランチに最高ですね。
お子様たちもきっと喜びますよ。

🍳材料（4〜6人前）

| 冷凍パイシート | 3枚 |
| 溶き卵 | 1個分 |

A	なす（角切り）	½本
	ズッキーニ（角切り）	½本
	玉ねぎ（角切り）	½個
	パプリカ（赤・黄、角切り）	各¼個
	にんにく（薄切り）	1片
イタリアンパセリ（ローズマリー、タイムでも）		
		1枝
カマンベールチーズ（6Pタイプ）	1箱
塩、白こしょう		適量
オリーブオイル		大さじ1

＊パイシートはニップン製がおすすめ。
＊本来、塗り卵は卵黄だが、家庭用に全卵を使用。

🍳つくり方

[準備] パイシート1枚を幅1cmの短冊切り
にし、長さはパイシートの長辺・短辺と同
じものを各4本つくる。オーブンを180℃
に温めておく。

1. 中火のフライパンにオリーブオイルを
   熱し、Aを硬い順に加え軽く炒める。
   軽く塩、こしょうをふり、パセリを茎ご
   とちぎって加える。粗熱を取る。
   ◎オーブンで火を入れるのでサッと炒
   めるだけにします。
2. パイシート（2枚）に卵をたっぷり塗り、ふ
   ちに短冊状のパイシートをのせ、再び卵
   を塗る。1.、チーズをのせ、冷蔵庫で約
   30分冷やす。オーブンで30分焼く。
   ◎冷蔵庫で締めておくと、きれいに焼
   き上がります。

ボナペティ〜！

🍳この料理にはコレ！

【ロゼワイン】
コート・ド・プロヴァンス ロゼ
Côtes de Provence Rosé
生産者：ヴァレストレル　Valestrel
生産地：フランス、ロワール地方

前菜
つけ
合わせ

赤キャベツのマリネ

にんじんドレッシングのきゅうりサラダ

赤キャベツのマリネ
Chou rouge mariné

{ 調理時間　10分 }
{ 難易度　★☆☆ }

見た目も映える生温かいサラダ。
クミンの香りがアクセント。

冷たくも温かくもない生温かい仕立て。
この温度をフランス料理では
「ティエード」と言い、よくつくります。
栄養価も高い赤キャベツは硬めなので
シャキシャキした食感がよいし、
色が鮮やかで食卓が映えます。
クミンの香りもさわやかです。
料理のつけ合わせにもOK。
保存がきくので、たくさんつくって
おけばサンドイッチ、お弁当、箸休め
などにも活用できます!

🥗 材料

赤キャベツ(せん切り、芯はみじん切り)	…½玉
にんにく(みじん切り)	½片
A ┌ ベーコン(みじん切り)	30g
└ オリーブオイル	大さじ2
B ┌ クミンシード	少々
│ 赤ワインビネガー(なければ米酢)	
└	大さじ2
塩、白こしょう	適量

🥗 つくり方

1. ボウルに赤キャベツ(せん切り)、塩(小さじ½)、こしょうをふり、揉み込んでしんなりさせる。
   ◎シャキシャキ感がなくならない程度にしんなりさせます。
2. 中火のフライパンに**A**を入れ炒める。にんにく、キャベツの芯を加え炒める。**B**を加え沸騰させる。熱々のうちに**1.**に加え混ぜて、塩、こしょうで味をととの

える。
◎赤キャベツの芯も、炒めるとシャキシャキしておいしいです。熱々をかけることでキャベツがさらにしんなりします。

ボナペティ〜!

にんじんドレッシングのきゅうりサラダ
Salade de concombre vinaigrette de carottes

{ 調理時間　5分 }
{ 難易度　★☆☆ }

フルーツジュースがアクセント。
三國シェフみたいにさわやかです。

すりおろしたにんじんに調味料を
混ぜるだけ! フルーツの香りに
シークヮーサージュースを入れますが、
どんなジュースでもOK。
ドレッシングはよく上からかけますが、
下にたっぷりしいてきゅうりを

こんもり盛ればおしゃれです。
野菜をドレッシングにたっぷりひたして
食べてください。スプーンですくって
食べてもグー。さわやかです。

🥗 材料(2〜3人前)

きゅうり(せん切り)	1本
ドレッシング	
┌ にんじん(すりおろす)	½本
│ オリーブオイル	大さじ3
│ バルサミコ酢	大さじ1
│ フルーツジュース	約100ml
└ 塩、白こしょう	適量

*ジュースは「カゴメ 野菜生活100 沖縄シークヮーサーミックス」を使用。グレープフルーツやオレンジのジュースなど何でもOK。

🥗 つくり方

ボウルに**ドレッシング**の材料を混ぜ合わせる。皿にドレッシングをしいて、上にきゅうりを盛りつける。

ボナペティ〜〜!!

前菜
つけ
合わせ

鴨のオレンジサラダ

フレンチドレッシング

鴨のオレンジサラダ
Salade de canard à l'orange

{ 調理時間　20分 }
{ 難易度　★★☆ }

鴨といえばオレンジ！
黒こしょうとの相性も抜群。

フランス料理でよく使われる素材、
鴨。冬が一番の季節です。むね肉を
ソテーして葉野菜と組み合わせた、
ちょっぴり豪華なサラダ仕立て。
カリカリに焼いた鴨と甘酸っぱい
オレンジの風味に、しっかりきかせた
黒こしょうが、素晴らしい相性です。

🍳 材料 (4〜5人前)

鴨むね肉 ……………………… 1枚
オレンジジュース …………… ½カップ
白ワイン ……………………… ¼カップ
白ワインビネガー (なければ米酢)‥大さじ1
はちみつ …………………… 大さじ1
塩、黒こしょう ………………… 適量
カルダモンパウダー (あれば) ……… 適量
サラダ用葉野菜 (食べやすい大きさ) …… 適量
ドライフルーツ (オレンジ) ………… 適量

🍳 つくり方

前菜
つけ
合わせ

1. 鴨は皮に1cm幅の格子状の切り目を入
   れ、多めに塩、こしょうをふり、カルダモ
   ンをふる。
   ◎切り目を入れておくと脂がよく出て
   カリッと焼けます。赤身に届かないよ
   うに入れてください。
2. 中火でフッ素樹脂加工のフライパンを
   熱し、鴨を皮のほうから焼く。カリカリ
   に焼けたら裏返して、弱火でじっくりア
   ロゼしながら焼く。反対側も同様に。
   ◎皮面を焼いて出てきた脂で焼き上げ
   ます。ミディアムレアが基本ですが、お

好みでミディアムやウェルダンでも。

3. アルミホイルを3枚重ねて、鴨の皮を上
   にしておく。フライパンの脂をかけて
   包み、温かい場所で5〜10分寝かせる。
   ◎寝かせることで余熱で芯までゆっく
   り火が入っていきます。
4. 同じフライパンを中火にし、はちみつ
   を入れる。少し色がついたら、白ワイ
   ンを加えアルコールを飛ばす。オレン
   ジジュース、ワインビネガーを加え沸
   騰させ、しばらく煮詰める。3.で出た
   汁を加える。
   ◎フライパンについた鴨の香りをドレ
   ッシングに移します。煮詰め具合はお
   好みで。
5. 鴨を斜めに厚くスライスし、切り口にほ
   んの少し塩、こしょうをふる。葉野菜
   にのせ、ドライフルーツを飾る。全体
   に4.をかけ、お好みでこしょうをふる。

ボナペティ〜！

┌─────────────────┐
│ ◎レストランではソースを煮詰めた後 │
│ こしますが、ご家庭ではこのままで │
│ 結構です。生クリームやバターを加 │
│ えれば、よりおいしいソースに。 │
└─────────────────┘

🍳 この料理にはコレ！
赤ワイン
バンドール・ルージュ　Bandol Rouge
生産者：シャトー・サン・タンヌ
　　　　Château Sainte Anne
生産地：フランス、プロヴァンス地方

フレンチドレッシング
Vinaigrette

{ 調理時間　1分 }
{ 難易度　★☆☆ }

味わいの違いを楽しんで。

一昔前まではホイッパーで混ぜて
乳化させるのがスタンダードでしたが、
最近はスプーンで混ぜて分離したまま
味わうスタイルが増えています。
分離していると、ストレートに野菜や
油、酢、マスタードの風味を感じます。
一方、乳化させると全部が一体になり、
やさしい味わいになります。

🍳 材料

サラダ油 …………………… ½カップ
白ワインビネガー ………………… 25ml
ディジョンマスタード ……………… 7g
塩、白こしょう …………………… 適量
サラダ …………………………… 適量

🍳 つくり方

ボウルでマスタードを混ぜながらサラ
ダ油を少しずつ加える。ワインビネガ
ーを加え混ぜる。塩、こしょうをふる。
◎ホイッパーを使う場合はマスタードを溶
くようなイメージで。放っておくと自然に
分離するので、再度混ぜて乳化させます。

サラダにかけて、ボナペティ〜！

🍳 この料理にはコレ！
カクテル　スプリッツァ
さっぱりした白ワインと炭酸水を
6:4の割合で合わせる。

サラダ・ニソワーズ

焼きりんごのファルシ

サラダ・ニソワーズ
Salade niçoise

調理時間　10分
※茹で卵をつくる時間は除く
難易度　★★☆

地名がついた
最もポピュラーなサラダ。

フランスのサラダといえばニース風サラダ。つくり方が一番シンプルなんです。野菜やオリーブをドレッシングで和えて、卵を添えるだけ。アンチョビを入れるイメージですが、本来はマグロなんですよ。夏にも冬にもどうぞ。

◎材料（2〜4人前）

マグロ（刺身用、拍子木切り）……………… 1柵
茹で卵（縦に2等分、切り方P.122）…… 4個
赤玉ねぎ（輪切り、水にさらす）……… ½個
A　黒オリーブ（種なし、輪切り）…… 60g
　　ケイパー（酢漬け）……………… 大さじ2
　　トマト（2等分）………………… 小4個
　　ピーマン（種あり、輪切り）……… 2個
　　にんにく（みじん切り）…………… 1片
サラダ菜（芯をくりぬく）…………… 1個
ドレッシング
　　黒酢 ……………………………… 大さじ2
　　オリーブオイル ………………… 大さじ5
　　塩、白こしょう ………………… 適量

＊ドレッシングは本来、白ワインビネガーを使うが、体にいい黒酢で。

＊こしょうは黒でもおいしい。

◎つくり方

1. 強火のフッ素樹脂加工のフライパンで、マグロの表面をサッと焼く。
　　◎刺身用なので中は生でも構いません。

2. ボウルによく水を切った玉ねぎ、A、ドレッシングの材料を入れ、手でよく混ぜてマリネする。
　　◎手でしっかり混ぜると味がよくなじみます。

3. 皿にサラダ菜を形のまま花のように広げる。真ん中に**2.**を盛り、卵、**1.**をのせ、**2.**の残ったマリネ液をマグロにかける。

ボナペティ〜！

◎この料理にはコレ！
ロゼワイン
マルキ・ド・テルム　ル・ロゼ
Marquis de Terme Le Rosé
生産者：シャトー・マルキ・ド・テルム
Château Marquis de Terme
生産地：フランス、プロヴァンス地方

焼きりんごのファルシ
Pomme farcie au four

調理時間　75分
難易度　★★☆

詰めた具材でおいしさ倍増！

りんごはとろっとろで、果肉はほとんど形がありません！詰め物の味がアクセントになり、普通の焼きりんごの数倍のおいしさです。下にしいた葉野菜は熱々のりんごで火が入り、しっとりしてこれがまた美味。

◎材料（2人前）

りんご ……………………………………… 2個
A　チーズ（好みのもの）……… 好みの量
　　ベーコン（さいの目切り）……… 50g
　　干し芋（さいの目切り）………… 1枚
　　ピスタチオ（殻をむく）………… 10粒
ベビーリーフ（水にさらす）………… 適量
ドレッシング
　　オリーブオイル ………………… 大さじ2
　　ホワイトバルサミコ酢（なければ米酢）
　　……………………………………… 大さじ1
　　塩、白こしょう ………………… 適量

＊チーズはゴーダチーズ（さいの目切り）を使用。

◎つくり方

[準備] オーブンを180℃に温めておく。

1. りんごの上部1cm程度を水平に切り、ふたにする。下は芯をくりぬき、ぐるりと包丁を入れ、スプーンでくりぬく。取り出した果肉はざく切りにする。
　　◎オーブンで長時間焼くので、果肉の厚さは1cm程度残してください。

2. ボウルにA、**1.**で切ったりんごの果肉を合わせ、塩、こしょうをふり、りんごの器に詰める。
　　◎ぎゅっとりんごに押し込んでください。

3. 耐熱容器にシワシワにしたアルミホイルを入れ、**2.**をおき、りんごのふたをかぶせる。天板に水（深さ約1cm）を入れ、オーブンで1時間蒸し焼きにする。ボウルに**ドレッシング**の材料を混ぜる。
　　◎りんごのシャキシャキがお好みの方は焼き時間を30分にしてください。
　　◎塩、こしょうは軽く。

ベビーリーフの上にのせ、ドレッシングをかけたら、ボナペティ〜！

◎この料理にはコレ！
赤ワイン
コート・デュ・ジュラ ピノ・ノワール
Côtes du Jura Pinot Noir
生産者：シャトー・ダルレイ
Château d'Arlay
生産地：フランス、ジュラ地方

前菜
つけ
合わせ

麺・ご飯・パン
Nouilles
Riz
Pains

三國流ナポリタン
Spaghetti à la napolitaine façon MIKUNI

{ 調理時間　10分 }
{ 難易度　★★☆ }

ボリュームたっぷり！
隠し味のマヨネーズで
ふわっとした口当たりに。

僕はパスタが大好きです。
パスタといえば、日本発祥のナポリタン！
ナポリタンといえばトマトケチャップ。
三國流アレンジで隠し味に
マヨネーズとバターを入れます。
ふわっとして口当たりも風味も
全然違うんですよ。
具材に生ハムを使っていますが、
なんとも言えない香ばしさと
味が出てきます。サラミもいいですよ。
ピーマンは種つきで切って、
あまり炒めないでシャキシャキした
食感を生かしています。

●材料（1人前）

スパゲッティ（太め） ・・・・・・・・・・・・・・・ 100g
生ハム（一口大の薄切り） ・・・・・・・・・・ 3枚
玉ねぎ（厚めのスライス） ・・・・・・・・・・ ½個
ピーマン（種つきを輪切り） ・・・・・・・・・ 大1個
カラフルミニトマト ・・・・・・・・・・・・・・・・・・ 7個
トマトケチャップ ・・・・・・・・・・・・・・・・・・・ 45g
マヨネーズ ・・・・・・・・・・・・・・・・・・・・・・・・・ 15g
スパゲッティの茹で汁 ・・・・・・・ 100ml前後
バター（食塩不使用） ・・・・・・・・・・・・・・ 10g
塩、黒こしょう ・・・・・・・・・・・・・・・・・・・・・ 適量
オリーブオイル ・・・・・・・・・・・・・・・・・・ 大さじ1
タバスコ ・・・・・・・・・・・・・・・・・・・・・・ お好みで

●つくり方

1. スパゲッティを茹でる（水1リットルに塩10g）。
2. 中火のフライパンにオリーブオイルを熱し、玉ねぎをじっくり炒める。塩、こしょうをふる。生ハム、ミニトマトの順によく炒める。
◎玉ねぎをじっくり炒めるのが一番のポイント。
3. トマトケチャップとスパゲッティの茹で汁（半量）を加え全体を合わせる。ピーマンを加え軽く炒め、もう一度茹で汁（半量）を加え合わせる。
◎火を止めてスパゲッティの茹で上がりを待ちます。
4. スパゲッティが茹で上がる直前に3.を火にかけて温め、マヨネーズ、バターを加え全体を混ぜたら火を止める。
◎トマトは皮がむけてきて、ピーマンはまだシャキシャキした状態です。
5. スパゲッティの湯を切り、4.に加え和える。

タバスコをかけたら、
ボナペティ〜！

◎粉チーズがお好きであれば、かけてもいいですよ。
◎ナポリタンはにんにくを使わないのが基本ですが、僕はにんにく好きなので入れることもあります。

うま味とは？

味覚の基本「五味」には＜甘味、酸味、塩味、苦味、うま味＞があります。甘い、酸っぱい……は容易に想像がつきますね。では、うま味は？ 理解するためのわかりやすい方法をお教えしましょう。用意するのはプチトマト3個。皮つきのまんま口に入れ、30回噛みます。30回ですよ！ 途中で飲み込まないように注意です。30回噛み終わったら、ゴクンと飲みます。すると、口の中全体にまったりした感覚が残るでしょう。これがうま味の感覚です。ぜひ、ためしてガッテン！

●この料理にはコレ！

赤ワイン コート・デュ・ジュラ ルージュ ラ・レゼルヴ
Côtes du Jura Rouge La Réserve
生産者：シャトー・ダルレイ　Château d'Arlay
生産地：フランス、ジュラ地方

ピノ・ノワールです。非常に軽くて、
ジュラ山脈のスミレの香りがします。なかなかエレガントです。

麺
ご飯
パン

137

アメリケーヌソース
Sauce américaine

{ 調理時間　30分 }
{ 難易度　★★☆ }

しっかり炒めることで
海老の香ばしさとコクが出る。

海老の出汁がよく出た濃厚な
ソースとぷりぷりの海老。
口の中で海老の香りとうま味が
炸裂します。アメリケーヌは
「アメリカ風」という意味です。
由来ははっきりしていませんが、
フランス料理ではポピュラーな
ソースで約100年以上も前から
あるんですよ。これは簡単な
家庭バージョンです。
プロは何日もかけて、オマール、車海老、
伊勢海老などでつくります。
少々手間はかかりますが、
ぜひトライしてください。
ご家庭で抜群においしいプロっぽい
アメリケーヌができますから。

◉材料 (仕上がり270g)

赤海老 ……………………………… 8尾
玉ねぎ (みじん切り) ……………… ⅛個
にんじん (みじん切り) …………… ⅛個
セロリ (みじん切り) ……………… ½本
ブランデー (なければウイスキー、日本酒)
　………………………………… 大さじ1
A｜トマトピューレ (KAGOME) …… 200g
　｜水 ………………………… 2カップ
　｜ローリエ ……………………… 1枚
塩、黒こしょう …………………… 適量
オリーブオイル ……………… 大さじ1

＊海老の殻はどんな種類でも。海老を調理す
　るたびに頭や殻を冷凍で保存しておくと便
　利ですよ。冷凍の有頭海老でもつくれます。

◉つくり方

1. 赤海老はよく洗い、頭と殻を外す。頭
　から砂袋、身から背ワタを取り除く。
　頭部に入っているミソはそのままにし、
　ハサミで刻む。身は料理用に取っておく。
　◎海老のミソはうま味や甘味が一番あ
　るところです。砂袋と背ワタ以外 (処理
　した後のまな板についている汁も!) はおい
　しい出汁になるので捨てないで! 殻
　からも出汁がたくさん出ます。
2. 強火のフライパンにオリーブオイルを
　熱し、海老の殻をよく炒める。

◎焦がさない程度に強火でしっかり炒
めるのがポイント。中途半端だと海老
の臭みが残ります。炒めれば炒めるほ
ど、海老の香ばしさやコクが出ておい
しくなります。

3. ブランデーを加えアルコールを飛ば
　す。野菜を硬い順に加えよく炒める。
　◎炒めることによって野菜の甘味が加
　わります。必要不可欠な工程です。
4. 海老のミソ、Aを加える。沸騰したら
　弱火にして塩、こしょうで味をととのえ
　る。約5分煮込む。ザルでこす。
　◎海老の頭の中にエキスがたくさん詰
　まっていますので、しゃもじやお玉で
　強く押しつぶしながらこします。

◎保存は、冷凍で1カ月が目安。
◎バターや生クリームを加えたらソー
　スになります。
◎レストランではシノワでこして仕上
　げます。プロ用の道具なので、ご家
　庭では普通のザルで結構です。多
　少粒が残りますがご家庭なら全然
　OK。
◎ザルに残った出し殻は水をひたひ
　たに入れて、もう一度煮ると二番出
　汁がとれます。味は薄いですから、
　茶系の甲殻類の煮込みなどに味の
　補足として入れるとおいしくなる
　し、無駄なく使えます。

◉この料理にはコレ!

赤ワイン
キャンティ　Chianti
生産者:チェッキ　Cecchi
生産地:イタリア、トスカーナ州

このワイン大好きです。
スパイシーで、若干スミレの香りが
して、渋みも結構ありますよ。

赤海老のフェットチーネ
Fettuccine aux Crevettes rouges

{ 調理時間　5分 }
{ ※パスタの茹で時間は除く }
{ 難易度　★★☆ }

◉材料 (2人前)

フェットチーネ …………………… 2人前
赤海老のむき身 ………………… 8尾分
生クリーム ………………………… ½カップ
にんにく (みじん切り) …………… ½片
ブランデー (なければウイスキー、日本酒)
　………………………………… 大さじ1
アメリケーヌソース ……………… 60ml
塩、黒こしょう …………………… 適量
オリーブオイル …………………… 小さじ2

＊フェットチーネは「マ・マー Palette 小鍋で3
　分フェットチーネ ほうれん草粉末入り」を
　使用。

◉つくり方

1. フェットチーネを茹でる。海老に軽く
　塩、こしょうをふる。
2. 中火のフライパンにオリーブオイル、
　にんにくを入れ炒める。
　◎オリーブオイルににんにくの香りを
　つけます。焦げやすいので、焦がさな
　いようにゆっくり。
3. にんにくが色づいてきたら海老を加え
　炒める。海老に焼き色がついてきたら、
　ブランデーを加えアルコールを飛ばす。
　生クリームを加え沸騰させ煮詰める。
　◎シャバシャバではなく、よく煮詰め
　てください。
4. アメリケーヌソースとフェットチーネ
　を入れて、全体をからめ合わせたら、
　塩、こしょうで味をととのえる。

ボナペティ!!!

◎渡り蟹を丸ごと使うのもおすすめ。

麺
ご飯
パン

ブロッコリーパスタ

Pâtes aux brocolis

[調理時間　15分]
[難易度　★★☆]

イタリアのマンマ流！
アンチョビとにんにくでつくる
王道パスタ。

南イタリアの代表的な
マンマの家庭料理。ブロッコリーと
アンチョビとにんにくでつくる、
王道のシンプルな味つけ。
ブロッコリーは煮崩れるくらいに火を
入れて、パスタによくからませます。
パスタ料理はパスタと具材、
ソースがよくからんでいることが大事で、
おいしさが全然違ってきます！
僕は黒こしょうが好きなので、
最後に挽きたてをかけますが、
お好みでどうぞ。

●材料（2〜3人前）

パスタ（フジッリ）……………………200g
塩（茹でる用）……………………大さじ1
ブロッコリー（房に分け、茎は粗いみじん切り）
………………………………1個（250g）
にんにく（みじん切り）…………………1片
A ┌ ミニトマト ……………………8個
　├ 赤とうがらし …………………1本
　└ アンチョビ（粗いみじん切り）……6枚
塩、白こしょう ……………………適量
オリーブオイル ………………大さじ2

●つくり方

1. 鍋に湯を沸かし、塩を入れ、パスタとブ
ロッコリーの房を一緒に茹でる。
◎ブロッコリーはパスタと一緒に10分
茹でてクッタクタにします。これがイ
タリアのマンマのやり方です。

2. 茹でている間、強火のフライパンにオ
リーブオイルを熱し、ブロッコリーの茎
を炒める。にんにくを加え炒める。香
りが立ったら、Aを加えさっと炒める。
火を止めてパスタとブロッコリーが茹
で上がるのを待つ。

3. 1.を2.に加えて強火でしっかり混ぜ合
わせる。塩、こしょうで味をととのえる。
◎穴あきお玉などでパスタとブロッコ
リーの水気を軽く切って鍋から直接フ
ライパンに移すのがマンマのやり方。
少量の茹で汁を一緒に入れるのが狙い
です。水とオイルが乳化しておいしく
なりますよ。アンチョビに塩味がある
ので、塩は軽く。

ボナペティ〜！

麺
ご飯
パン

●この料理にはコレ！

白ワイン　カセドラル・セラー ソーヴィニヨン・ブラン
Cathedral Cellar Sauvignon Blanc
生産者：ケイ・ダブリュー・ヴィ　KWV
生産地：南アフリカ

ライチや淡いアスパラガスのような香りがあります。イタリア料理には
イタリアのワインもいいですが、時にはひねりのあるワインもいいものです。

チキンマカロニグラタン
Gratin de macaronis

{ 調理時間　20分 }　※マカロニを茹でる時間は除く
{ 難易度　★★☆ }

鶏肉に小麦粉をたっぷりつけてベシャメルソースいらず。

ベシャメルなしでとろっとした
なめらかなグラタンにします。
鶏肉にまぶす小麦粉と炒めるバター、
そして生クリームで自然にゆる〜く
とろみをつけるんです。
チーズをたっぷりふって焼けば、
グラタンらしい焼き色が
きれいにつきますよ。グーです!

◉材料 (グラタン皿2枚分)

鶏もも肉 (一口大)	180g
マカロニ	40g
マッシュルーム (4等分)	3個
玉ねぎ (薄切り)	100g
にんにく (みじん切り)	小さじ1
白ワイン (なければ日本酒)	大さじ2
ナツメグ (あれば)	少々
生クリーム	100g
小麦粉	大さじ2
バター (食塩不使用)	10g
塩、白こしょう	適量
ピザ用チーズ	50g

◉つくり方

[準備] マカロニを固めに茹でておく。グラタン皿にバター (分量外) をたっぷり塗っておく。オーブンを200℃に温めておく。

1. 鶏もも肉に塩、こしょうをふり、小麦粉をまぶす。
   ◎このレシピではベシャメルソースを使わないので、小麦粉をたっぷりつけて濃度をつけます。
2. 中火のフライパンにバターを熱し、鶏肉を皮のほうから焼く。
   ◎鶏肉の皮をカリカリに焼くのがポイントです。
3. よく焼けたら裏返して、玉ねぎ、マッシュルーム、にんにくを順に加え炒める。白ワインを加えアルコールを飛ばす。マカロニを加え混ぜ合わせる。強火にして、生クリームを加え、ナツメグ、塩、こしょうで味をととのえる。とろみがつくまで煮詰める。

4. グラタン皿に入れ、チーズをのせる。オーブンで約10分焼き色がつくまで焼く。

ボナペティ〜!

◉この料理にはコレ!

白ワイン　**リュリー・ブラン・レ・メジエール**　Rully Blanc Les Maizières
生産者:ヴァンサン・デュルイユ・ジャンティアル
Vincent Dureuil-Janthial
生産地:フランス、ブルゴーニュ地方

ピーチやオレンジの皮の香りがあります。肉厚でなめらかなシャルドネがクリーミーなグラタンによく合います。

麺
ご飯
パン

トマトとツナのパスタ

ほうれん草のニョッキグラタン　ゆず風味

トマトとツナのパスタ

Spaghetti à la sauce tomate en boîte

{ 調理時間　10分 }
{ 難易度　★☆☆ }

トマト缶で簡単トマトソース。

玉ねぎなどの野菜を使わず、
にんにくの香りをオイルに移して
トマトを煮込む。南イタリア流の
トマトソースです。煮込み時間も
短いので時間のない時にどうぞ。
ここではツナを加えていますが、
具材はお好みで。何も入れなければ、
シンプルなトマトソース和えになります。

🍳 材料（2人前）

パスタ ……………………………… 180g
トマト缶（カット） ………… 400g（1缶）
にんにく ………………………… 1片
ツナ ………………………………… 1缶
塩、黒こしょう ………………… 適量
オリーブオイル ……………… 大さじ2

＊パスタは「マ・マー Palette 小鍋で3分フェットチーネ プレーン」を使用。

🍳 つくり方

1. 中火のフライパンにオリーブオイル、にんにくを入れじっくり火を通す。
   ◎フライパンを傾けて、にんにくがオイルに浸かるようにし、オイルに香りをつけます。
2. にんにくが柔らかくなったら、トマトを加え5〜10分煮込む。塩、こしょうをふる。
   ◎トマトはこさずにそのまま煮込むのがおすすめ。粒々が残っているほうが食感のアクセントにもなりおいしいです。

3. 煮上がりが近くなったら、パスタを茹でる。
4. 2.にツナを加え混ぜる。茹で上がった3.を加え、よく混ぜ合わせる。
   ◎お好みで粉チーズや黒こしょうをかけても。

ボナペティ〜！

┌─────────────────────┐
│ 🍷 この料理にはコレ！ │
│ 赤ワイン │
│ ブルイィ シャトー・カンボン │
│ Brouilly Château Cambon │
│ 生産者：シャトー・カンボン │
│ 　　　　Château Cambon │
│ 生産地：フランス、ブルゴーニュ地方 │
└─────────────────────┘

ほうれん草のニョッキ グラタン ゆず風味

Gratin d'épinard à la crème

{ 調理時間　25分 }
{ 難易度　★☆☆ }

焼くだけの豪快料理！
ほうれん草のシャキシャキ感を
楽しんで。

材料をざっくり盛り合わせた豪快な
グラタンです。ちぢみほうれん草は
身が厚くて歯ごたえがあって味も
いいのでおすすめです。茹でると
水っぽくなり、シャキシャキ感も
なくなるので下茹ではしません。
ほうれん草の存在感がしっかりあって、
プリプリのニョッキと鮭が
アクセントになり、全部を一緒に
食べると口の中でベストな
ハーモニーです。

🍳 材料（2〜4人前）

ちぢみほうれん草（ざく切り、根元のみ下茹で）
……………………………………… 1袋
A ┌ ニョッキ ………………… 200g
　├ にんにく（薄切り） ………… 1片
　└ 鮭フレーク ………………… 1瓶（68g）
生クリーム ………………… ¾カップ
粉チーズ ………………………… 50g
ゆずの皮（すりおろし） ……… ½個分
バター（食塩不使用） ………… 20g
塩、白こしょう ………………… 適量

＊普通のほうれん草を使う場合は、少し食べてみてアクが強ければ下茹でし、ざく切りにする。

＊ゆずがなければレモンの皮でもOK。

🍳 つくり方

[準備] ニョッキは茹でたらくっつかないようにオリーブオイルをまぶしておく。オーブンを200℃に温めておく。

1. グラタン皿にバター（少々）を塗って、ほうれん草を入れ、軽く塩、こしょうをふる。
   ◎鮭に塩気があるので塩、こしょうは軽く。
2. Aをちらし、生クリームを回しかける。ゆずの皮、粉チーズをかけ、残りのバターをちぎってちらす。オーブンで15分焼く。
   ◎にんにくは上にあると焦げやすいので隠すようにしてください。

底の汁をたっぷりかけたら、
ボナペティ〜！

┌─────────────────────┐
│ 🍷 この料理にはコレ！ │
│ 白ワイン │
│ ヴェルナッチャ・ディ・サンジミニャーノ │
│ Vernaccia di San Gimignano │
│ 生産者：チェッキ　Cecchi │
│ 生産地：イタリア、トスカーナ州 │
└─────────────────────┘

麺
ご飯
パン

鶏ひき肉のカレー

Hachis de poulet au curry et riz

{ 調理時間　15分 }
{ 難易度　★★☆ }
※バターライスを炊く時間、
ポーチドエッグをつくる時間は除く

洋食料理の極み！フランス風カレー。

帝国ホテルの元総料理長、
今は亡き恩師、村上ムッシュの
レシピを三國風にアレンジした
チキンカレーです。フランス料理では
あまり出番のない鶏ひき肉を
使っていますが、非常に評判が
よかったようです。クリーミーで上品。
ポーチドエッグを崩せばとろっとした
黄身が加わって素晴らしいです。
このカレーは白いご飯より
バターライスがベター。

材料（4人前）

鶏ひき肉	200g
玉ねぎ（みじん切り）	¼個
マッシュルーム（厚切り）	8個
バター（食塩不使用）	30g
A　小麦粉	大さじ2
カレー粉	大さじ½
牛乳	1½カップ
パセリ（みじん切り）	1枝
卵（市販の温泉卵でも）	4個
塩、白こしょう	適量

バターライス

米（洗わなくてもOK）	2合
水	2カップ
玉ねぎ（みじん切り）	40g
にんじん（みじん切り）	30g
セロリ（みじん切り）	20g
バター（食塩不使用）	30g

＊マッシュルームは、必要であれば酢で色止め
する。

つくり方

[準備] バターライスの材料を炊飯器で炊
いておく。ポーチドエッグをつくる（P.112）。

1. 中火のフライパンにバター（1/3量）を熱
し、玉ねぎを炒める。玉ねぎが透き通
ってきたら、鶏ひき肉を加え炒める。
鶏肉に焼き色がついたら、マッシュ
ルームを加え炒める。
◎鶏肉はほぐしながら焼き色をつける
のがポイント。

2. Aを加えてしっかり炒める。
◎あまりいじるとマッシュルームが崩
れるので、やさしくなでるように。

3. 牛乳を加えて一度沸かし、とろみがつ
くまで混ぜながら煮る。塩、こしょうで
味をととのえる。残りのバターを加え
溶かし、パセリを加え混ぜ合わせる。
◎鍋の端は焦げつきやすいので、ヘラ
でこそげ落とすように混ぜます。

バターライスを
ドーナツ状に盛りつけ、
中心にカレーを入れる。
ポーチドエッグをのせたら、
ボナペティ〜！

村上料理長のおかげで今がある

帝国ホテルの総料理長だった村上信
夫さんには感謝の一言しかありませ
ん。僕は帝国ホテルで3年間鍋洗い
として働きましたが、村上さんも最初
の1年間は鍋洗い。僕の仕事ぶりに
も感じるものがあったのか、何かと目
をかけ、かわいがってくださいました。
僕は鍋洗いの身ですぐに髭を生やし
たんですが、当時、髭を伸ばしてい
たのはホテルで村上料理長のみ。先
輩たちは「すぐに剃れ」と。そこへ
村上さんが現れて「おー、三國くん、
自慢の髭だね」と一言。もう誰も何も
言えなくて、それ以来の髭面です。
さて、僕の宝物に、村上さんの手に
なる達筆の揮毫があります。それが
「成名毎在窮苦日 敗事多因得意時」。
たくさん失敗しても、その失敗の中に
成功が宿っている——「三國君、一
生懸命頑張りなさい」というメッセー
ジです。その言葉通り、数多の逆境
にもめげず頑張ってきたつもりです。

この料理にはコレ！

白ワイン　**ブリー ホワイト リースリング　Bree White Riesling**
生産者：ペーター・メルテス　Peter Mertes
生産地：ドイツ

やや甘めのリースリング。りんごやパイナップルの甘味を感じます。
カレーには一般にりんごなどの甘味を加えるくらいですから、
甘さがベストマッチです。

麺
ご飯
パン

パエリア
Paella

{ 調理時間　30分 }
{ 難易度　★★☆ }

夏場にぴったり！
米をよーく炒めて
パラパラにする。

夏場にぴったり！殻つきの海老、貝、
イカと魚介をたっぷり盛り込み、
そこから出る自然のうま味を
ご飯に吸わせます。
鍋底のご飯はお焦げになって
これもまた絶品。
スペインの料理には夏らしいスペインの
赤ワインを合わせましょう。
気分はフラメンコ!!
ぜひトライしてください。

🍳材料（4人前）

赤海老（殻つき）‥‥‥‥‥‥‥‥‥‥4尾
ホンビノス貝‥‥‥‥‥‥‥‥‥‥‥4個
イカ‥‥‥‥‥‥‥‥‥‥‥‥‥‥‥1杯
玉ねぎ（厚めのスライス）‥‥‥‥‥¼個
セロリ（輪切り）‥‥‥‥‥‥‥‥‥¼本
パプリカ（棒切り）‥‥‥‥‥‥‥‥½個
にんにく（薄切り）‥‥‥‥‥‥‥‥1片
米（洗わない）‥‥‥‥‥‥‥‥‥‥1合
A ┃水‥‥‥‥‥‥‥‥‥‥3カップ
　　┃トマトペースト（KAGOME）
　　┃‥‥‥‥‥‥‥‥大さじ1（1袋）
　　┃サフラン‥‥‥‥‥‥‥‥‥5本
塩、黒こしょう‥‥‥‥‥‥‥‥‥‥適量
オリーブオイル‥‥‥‥‥‥‥‥大さじ3

＊イカの種類はその時期、手に入るもので。

🍳つくり方

1. イカの胴は皮をむいて1cm幅の輪切り、足と耳はざく切りにする。
2. 中火のフライパンにオリーブオイルを熱し、海老を殻ごと焼く。
   ◎カリッと焼いておいしい出汁を出します。
3. 野菜を硬い順に加え、軽く炒める。塩、こしょうをふる。にんにく、米を加えよく炒める。炒めている間に、ボウルに**A**と塩（適量）を溶かし、フライパンに加える。
   ◎日本の米は水分と粘り気が多くてべちゃっとなりやすいため、油が全体に回るようによーく炒めて米をパラパラにするのがポイントです。
4. ホンビノス貝、イカをのせ、一度沸かす。塩、こしょうをふる。ふたをして弱火で約20分炊く。

ボナペティ〜！

🍳この料理にはコレ！

赤ワイン　**ライマット オーガニック ボイラ　Raimat Organic Boira**
　　　　生産者：ライマット　Raimat
　　　　生産地：スペイン

ガルナッチャ（グルナッシュ）という品種で、ボージョレに似た風味。土壌の香りというか、鉄分を感じさせますが、軽く飲みやすいです。

青のりわさびバター

Beurre d'algue verte et WASABI

{ 調理時間　3分 }
{ 難易度　★☆☆ }
※バターをポマード状にする時間、あおさのりをもどす時間は除く

レアに焼いたステーキで丼に！炊き立ての白いご飯にもぴったりです。

フランスの海藻バターをヒントにわさびでジャポニゼにしました。材料を混ぜるだけだから超簡単。これをベリーレアに焼いた牛肉のステーキ丼に添えていただきます！ステーキは「ミニッツステーキ」といって薄い肉を強火で1〜2分ささっと焼き上げるもの。表面を香ばしく中はレアに。フランス人が大好きな食べ方の1つです。

材料（4〜6人前）

バター（食塩不使用）	100g
あおさのり	15g
わさび（チューブ）	大さじ1
塩	小さじ1

＊ここで使うわさびは、生よりチューブのほうが香りが飛ばず、味も残っておすすめ。

つくり方

[準備] バターは室温でポマード状にしておく。あおさのりは湯通ししてもどし、水気を切っておく。

1. フードプロセッサーで材料を撹拌する。
   ◎回転する摩擦で温度が上がるので、バターがちょうどいい具合に柔らかくなります。
   ◎フードプロセッサーがない場合は、あおさのりを刻んでボウルで混ぜてください。

牛ステーキ丼

Steak bol

{ 調理時間　5分 }
{ 難易度　★☆☆ }

材料

牛ステーキ肉	人数分
塩、白こしょう	適量
オリーブオイル	適量
炊きたてのご飯	人数分
青のりわさびバター	適量

＊ソースが濃厚なのでアメリカや豪州産の赤身の多い牛肉がおすすめ。

つくり方

1. 牛肉の両面に、塩、こしょうを強めにふる。
2. 強火のフライパンにオリーブオイルを熱し、ステーキの表面をカリカリに焼く。
   ◎フライパンから煙が出るくらいに熱してから肉を入れます。
   ◎ミニッツステーキは短時間でレアに焼くのでアロゼはしません。
3. 牛肉を筋に垂直方向で薄く切り分け、ごはんに盛りつける。青のりわさびバターをのせる。
   ◎表面のシワ状に見えるのが筋の方向です。

バターが溶けてきたところをボナペティ〜！

◎青のりわさびバターは、焼き魚でも、炊きたてご飯にたっぷりのせても美味です。

この料理にはコレ！

白ワイン　**クラシック コレクション ソーヴィニヨン・ブラン**
Classic Collection Sauvignon Blanc
生産者：ケイ・ダブリュー・ヴィ　KWV
生産地：南アフリカ

青のりに合わせて白ワインです。
青りんごの香りがして酸味がよくきいていますね。ステーキや青のり、わさびの風味をすーっとリフレッシュしてくれます。

麺
ご飯
パン

三國流フレンチトースト

クロックマダム

三國流 フレンチトースト
Pain perdu

{ 調理時間 15分 }
{ 難易度 ★☆☆ }

たっぷりサンドしたジャムが
ソース代わりに。

大流行のフレンチトースト。
三國オリジナルをご紹介します。
フレンチトーストは世界中で
食べられているようですが
日本人が一番好きなのでは？
パンの間に挟んだジャムが
食べる時にソース代わりになって
ふわっふわのフレンチトーストが
最高においしくなります。
トレビアンです。ぜひお子様に
つくってあげてください。

◉材料（2人前）

食パン（耳つき8枚切り）‥‥‥‥‥‥ 4枚
A ┌ 卵 ‥‥‥‥‥‥‥‥‥‥‥‥‥ 2個
　│ 牛乳 ‥‥‥‥‥‥‥‥‥‥ ¾カップ
　│ はちみつ ‥‥‥‥‥‥‥‥ 大さじ1
　└ シナモン ‥‥‥‥‥‥‥‥ お好みで
ジャム（お好みの種類）‥‥‥‥‥‥ 適量
バター（食塩不使用）‥‥‥‥‥‥‥ 30g

◉つくり方

1. 食パンにジャムをたっぷり塗ったら、
   2枚1組で挟み、手で押さえてしっかり
   まわりを閉じる。
2. バットでAをよく混ぜ合わせ、1.を浸す。
   ◎浸けるのは5〜10分でもよいです
   が、半日以上浸ければさらにふわっふ
   わに。

麺
ご飯
パン

ジャムは真ん中をたっぷり厚めに塗ります。

3. 中火のフライパンにバターを熱し、2.を
   じっくり焼き、何回かひっくり返す。
   ◎2.の汁が残っていたら、上からかけ
   ます。焦げやすいのであまり強火にし
   ないでください。

ボナペティ〜！

┌─────────────────────────┐
│ ◉この料理にはコレ！ │
│ ┌──────────┐ │
│ │ソフトドリンク│ │
│ └──────────┘ │
│ **ラッシー** │
│ ヨーグルト（250ｇ）、牛乳（250ml）、砂糖 │
│ （大さじ2）、レモン（小さじ2）をブレンダ │
│ ーかシェイカー、ペットボトルなどに │
│ 入れて混ぜ合わせる。 │
└─────────────────────────┘

クロックマダム
Croque madame

{ 調理時間 8分 }
{ 難易度 ★☆☆ }

カリカリのサラミに黄身のソース
がおいしい簡単朝食メニュー！

クロックマダムは、
クロックムッシュに目玉焼きを
のせたもの。卵をマダムの帽子に
見立てているんです（諸説あり）。
パン1枚に具材をすべて盛るスタイル。
トースターでサラミとパンが
カリッとなるように焼いて、

とろとろの黄身を広げて
ソースのようにして食べます。
ベシャメル以外の材料は
コンビニで買えてとっても簡単。
お子様でもパパッとできるので、
みなさんで楽しんでください。

◉材料（1人前）

食パン（6枚切り）‥‥‥‥‥‥‥‥‥ 1枚
市販の温泉卵 ‥‥‥‥‥‥‥‥‥‥ 1個
ベシャメルソース（P.29、ナツメグ入り）
‥‥‥‥‥‥‥‥‥‥‥‥‥‥ お好みの量
スライスチーズ ‥‥‥‥‥‥‥ お好みの量
おつまみサラミ ‥‥‥‥‥‥‥ お好みの量

◉つくり方

1. パンにベシャメルソースをたっぷり塗
   り、チーズ、サラミをおいて、さらにベシ
   ャメルソースを塗る。温泉卵をのせる。
   ◎ベシャメルソースの真ん中を少しく
   ぼませると卵が安定します。
2. 200℃のトースターで約5分焼く。
   ◎サラミがこんがり焼けたら完成。

ボナペティ〜！

┌─────────────────────────┐
│ ◉この料理にはコレ！ │
│ ┌────┐ │
│ │白ワイン│ │
│ └────┘ │
│ **ロシュ・マゼ ヴィオニエ** │
│ **Roche Mazet Viognier** │
│ 生産者：ロシュ・マゼ　Roche Mazet │
│ 生産地：フランス、ラングドック＝ │
│ ルーション地方 │
└─────────────────────────┘

鴨鍋そば
SOBA de réveillon

{ 調理時間　20分 }
{ 難易度　★★☆ }

フレンチ流の出汁に
いろんなうま味が合体！
そばとチーズが驚くほど合います。

三國流、勝手気ままな
フレンチ年越しそばです！
具は、鴨とねぎときのこ。
ここまでは日本のそばですけど、
三國流はカマンベールチーズも入れ、
チーズフォンデュみたいに
とろっとろに溶けたところを
そばと一緒にいただきます。
こんなそば、世の中にありません。
昆布とカツオ節の出汁に鴨や
チーズの風味が一体になって
そばつゆがおいしいこと！

🍢材料（2人前）

そば ………………………………… 2人前
鴨ロース肉（厚切り）……………… 260g
長ねぎ（約5cm長さ）……………… 2本
えのきたけ（束を2つに分ける）…… 100g
しいたけ（一口大）………………… 2個
カマンベールチーズ（6等分）……… 1箱
アボカドオイル（あれば）………… 大さじ1
塩、黒こしょう …………………… 適量
めんつゆ
│ うま味出汁（P.107）…………… 3カップ
│ 日本酒 ……………………………… 60ml
│ 醤油 ………………………………… 60ml
│ てんさい糖（なければ上白糖）…… 大さじ2

＊そばは「総本家　更科堀井」を使用。
＊えのきたけは石突きのギリギリのところで切ると、バラバラにならない。
＊チーズはブルーチーズやウォッシュチーズでも。
＊オイルはクセのないものがよいため、アボカドオイルがなければ入れない。

🍢つくり方

1. めんつゆをつくる。鍋で日本酒を沸騰させアルコールを飛ばし、うま味出汁、てんさい糖を加える。沸騰する直前に醤油を加え、軽くアクを取って火を止める。そばを茹でる。茹で終わったら、よく水洗いし、氷水で締めて水を切る。鴨ロース肉の両面に軽く塩、こしょうをふる。
   ◎鴨肉の塩、こしょうはつけすぎるとつゆに影響するので、軽くします。

2. 中火でフライパンを熱し、鴨肉の向きをそろえて数枚重ねて脂身を下にして焼く。脂が溶けてきたら、ほぐして身をさっと焼き、すぐ取り出す。同じフライパンで、長ねぎ（白い部分）、きのこ、長ねぎ（青い部分）の順で加え焼き色をつける。

◎鴨肉は最初に脂身をよく焼いてください。後で煮込むので身はレアで取り出します。長ねぎときのこも焼き色がついたらOKです。

3. 鍋でめんつゆを沸騰させ、そば、2.、チーズを加え、アボカドオイルを垂らす。ふたをして弱火で2～3分煮込む。軽くアクを取る。

ボナペティ～！

🍢この料理にはコレ！

赤ワイン　**ポマール　レ・プティ・ノワゾン**　Pommard Les Petits Noizons
生産者：ドメーヌ・ド・ラ・ヴージュレ　Domaine de la Vougeraie
生産地：フランス、ブルゴーニュ地方

コート・ド・ボーヌ地区ポマールの赤です。さすがに香りがいいです。
上品なバラの香りとスミレの香りも少々。素晴らしいです。

麺・ご飯・パン

デザート・飲み物

Desserts
Boissons

クレームキャラメル

Crème renversée au caramel

{ 調理時間　35分 }
{ 難易度　★★☆ } ※室温でおく時間は除く

てんさい糖を使った本格プリン！バニラビーンズのパワーも違います。

フランスを代表するデザート、焼きプディングです。フランス語では「ひっくり返したクリーム」と言います。工程はシンプルですが、腕を試されますよ。てんさい糖を使うので本格的です。黒蜜のような風味があってグラニュー糖では絶対出ない味なんです。とろっとした仕上がり。素朴なのに濃厚！バニラビーンズはさやも入れてつくるので皆さんが想像するバニラの香りの100倍ですよ！

🌀材料 (直径10cmの耐熱容器4個分)

アパレイユ

牛乳	2½カップ
てんさい糖	120g
卵	L5個
バニラビーンズ	1本

カラメルソース

てんさい糖	80g
水	30ml

🌀つくり方

[準備] 牛乳は人肌に温めておく。オーブンを160℃に温めておく。

1. バニラビーンズのさやに切り込みを入れ、包丁でしごいて種を取り出す。クッキングシートの上で、**アパレイユ**に使うてんさい糖(少々)に、包丁でこすりつけるようにして混ぜる。

2. **カラメルソース**をつくる。中火のフライパンにてんさい糖を入れ、まわりから少しずつ溶けてきたら、フライパンをゆすって混ぜる。全体が溶けたら、素早く水を加え、火を止めて混ぜ続ける。耐熱容器に移す。
   ◎カラメルはオーブンで焼く時に溶けて自然に広がるので、容器の中で平らにしなくても大丈夫です。

3. ボウルに卵、1.、バニラビーンズのさやを加えよく混ぜる。
   ◎卵は泡立てないように叩くようにつぶします。気泡がないとしっとりと仕上がります。

4. 3.に牛乳を少しずつ加えながら、混ぜ合わせる。バニラビーンズのさやを取

り除く。よく混ぜながら**2.**に流し入れ、オーブンで20分、湯煎で焼く。室温で約30分おく。
◎器に入れる直前にもアパレイユをよく混ぜるとムラができません。器に流した後、表面の泡が気になる方は竹串でつぶしてください。

器から抜いたら、ボナペティ～！

◎型抜きは、生地のふちに軽くナイフを1周入れて、次にナイフが底に当たるように深く入れてもう1周させてから抜きます。冷蔵庫に1日おくと簡単に抜けます。

◎バニラビーンズの残ったさやは、干して何度でも使えますよ。牛乳に入れて香り出しに使ったり、砂糖に入れておいてバニラシュガーにしたり。フランスでは最後はミキサーにかけて、砂糖に混ぜてしまいます！

◎4.でアパレイユを混ぜた直後、表面の泡をバーナーで消すと、焼き上がりにぶつぶつと穴ができません。あまり当てすぎると煮えてしまうので気をつけて。

1.

包丁の平らな面を使っててんさい糖にバニラの種の香りをこすりつけます。

2.

てんさい糖が色づき始めるまで、じっと我慢して放っておいてください。まわりから色がついてきたら、すぐに水を入れられるよう手に持って準備します。

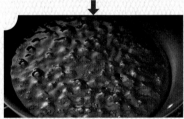

全体が溶けたら、水を入れます。

てんさい糖を使う理由

砂糖をたくさん使うデザートやお菓子には、グラニュー糖ではなく、てんさい糖をよく使います。原料のテンサイ(砂糖大根)が我が故郷、北海道産であることに加え、糖蜜からつくられているのでミネラルがたくさん残っていて、風味やコクが豊かで甘味がまろやかだからです。ベージュの色も、糖蜜の色ですね。100%天然で健康的な砂糖。フランスのお菓子もほぼてんさい糖が使われているんですよ。ちなみに、グラニュー糖は同じテンサイが原料のものでも、糖蜜と分離された結晶分からつくられるので、ミネラルは含まれていないんです。

🌀この料理にはコレ！

デザートワイン | シャトー・ギロー　Château Guiraud
生産者：シャトー・ギロー　Château Guiraud
生産地：フランス、ボルドー地方

はちみつとかりんの香りがしててんさい糖の黒蜜の風味にぴったり。甘口ワインと甘いデザートは、甘さが中和されてベストマッチングです。

デザート
飲み物

ベイクドチーズケーキ

Gâteau au fromage

〔調理時間　60分〕
〔難易度　★★☆〕　※冷蔵庫で冷やす時間は除く

空気をたくさん入れて混ぜるだけ！ビスケットは砕きすぎないのがポイント。

みなさんが大好きなチーズケーキ。
僕も大好きです。
材料を順に混ぜるだけという簡単に
つくれておいしいチーズケーキですから、
ぜひつくってください。
底にはビスケットがいっぱい。
上はしっとりなめらかな
チーズクリーム。最高です。
シックで大人の味の趣ですが、
お子様にももちろん喜ばれますよ。
お酒を合わせるなら、
シャンパーニュが最適です。

◉材料（直径18cm丸型1個分）

クリームチーズ	200g
グラニュー糖	50g
卵	1個
生クリーム	100g
プレーンヨーグルト	50g
コーンスターチ（なければ片栗粉）	10g
レモン汁	5g
ビスケット	12枚
溶かしバター（食塩不使用）	35g

＊クリームチーズは入手しやすいフィラデルフィアかKIRIを。

＊森永製菓のビスケット「マリー」を使用。プロは自家製でつくるが、ご家庭では市販品でOK。

◉つくり方

［準備］ クッキングシートを型の底と側面の大きさに合わせて切る。クリームチーズを電子レンジでポマード状にする。オーブンを160℃に温めておく。

1. 保存袋の中でビスケットを軽く砕いてから、溶かしバターを加え、砕きながら全体をなじませる。クッキングシートをしいた型に入れ、底に押しつけて冷蔵庫で冷やす。

2. ボウルにクリームチーズ、グラニュー糖、卵、生クリーム、ヨーグルト、コーンスターチ、レモン汁の順に、1つずつゴムベラで混ぜ合わせてから加えていく。
   ◎最初にクリームチーズをよく練って混ぜやすくします。材料を加えながら空気をたくさん入れるようによく混ぜるとおいしく仕上がりますよ。
   ◎分離したり、ダマができたりすると食感が悪くなるので、卵、生クリーム、ヨーグルト、コーンスターチは、少しずつ生地に混ぜ合わせていきます。

3. 1.に流し込み、5cmほどの高さから、タオルをしいた台に型ごと数回落として空気を抜く。オーブンで50分焼く。冷ましてから冷蔵庫で1晩冷やす。

ビスケットはあまり細かく砕かなくてOK。食べた時にざらっとした感じになるのがおいしいです。

◎表面に焼き色がつくまで焼くとおいしいです。

ボナペティ〜！

◎冷えると縮むので、もう少し高さを出したければ分量を倍にし、様子を見て焼き時間を追加してください。

◉この料理にはコレ！

〔シャンパーニュ〕 **ゴッセ グラン ブラン・ド・ブラン ブリュット**
Gosset Grand Blanc de Blancs
生産者：ゴッセ　Gosset
生産地：フランス、シャンパーニュ地方

おしゃれなシャンパーニュです。シャルドネだけで造られたブラン・ド・ブラン。すっきりしてグレープフルーツの香りがします。

デザート
飲み物

クロワッサンの
ミルフィーユ仕立て

Crème pâtissière
et millefeuille au croissant

{ 調理時間　15分 }
{ 難易度　★★☆ }
※カスタードクリームを
冷蔵庫で冷やす時間は除く

パイ生地をクロワッサンでアレンジ！
手でがっつり食べるミルフィーユ。

みなさんご存じのミルフィーユは
パイ生地でつくります。ミルは千、
フィーユが紙や葉の意味で、
薄いものが千枚重なったような
サクサクした生地を言うんです。
冷凍パイシートでもいいですが、
これはでき合いのクロワッサンを
使った簡単デザート。
カスタードクリームをつくって
いちごを挟むだけです。
メロンやさくらんぼでもいいですね。
ナイフとフォークでお上品に食べても、
手づかみでかぶりつくのでも、
お好きな食べ方で！

●材料（3人前）

クロワッサン ･････････････････ 3個
お好きなフルーツ（いちご）･･･････ 適量
カスタードクリーム
　牛乳 ･････････････････ 1 ¼カップ
　卵黄 ･････････････････････ 2個分
　てんさい糖 ･･････････････････ 50g
　コーンスターチ（なければ片栗粉）
　･･･････････････････････････ 20g
　バニラビーンズ ･･･････････････ ½本

＊クロワッサンは小さいほうが食べやすい。

●つくり方

[準備] クロワッサンは、買ってから時間が
たっている場合、200℃のオーブンで3分
焼いておく。
　◎買って時間がたつと湿気てくるの
で、使う時に焼いてパリッとさせると
一味違います。

1. バニラビーンズのさやに切り込みを入
れ、包丁でしごいて種を取り出す。ク
ッキングシートの上でてんさい糖
（少々）にこすりつけるように混ぜる。
鍋に牛乳、バニラビーンズのさやを入
れて人肌に温める。
　◎包丁の平らな面を使っててんさい糖
にバニラの香りをこすりつけます。バ
ニラの香りのパワーが全然違ってきま
す（P.151参照）。
2. ボウルで卵黄、てんさい糖、コーンスタ
ーチを混ぜ合わせる。混ぜながら**1.**の
牛乳を少しずつ加える。
　◎黄身が固まって粒々にならないよう
に、牛乳は少しずつ加えるのが肝心です。

3. 鍋に移し、弱火でとろみが出るまでへ
らで混ぜる。バットに移して粗熱を取
り、冷蔵庫で冷やす。
　◎へらで鍋底をかくイメージで。とろ
みは急に出てくるのでよく見て、出始
めたらすぐに火からおろします。そう
するとダマができません。
　◎バットの下に木べらなどを差し入
れ、台との間にすき間をつくると冷め
やすくなります。
4. クロワッサンに水平に切り込みを入
れ、たっぷりのカスタードクリーム、半
分に切ったいちごを挟む。

ボナペティ～！

◎バニラビーンズのさやは何回か使
えるので、捨てないで冷凍などで保
存を。
◎カスタードクリームは、生クリーム
やメレンゲを加えるなど、さまざま
なアレンジができます。

●この料理にはコレ！

シャンパーニュ	グルエ ブリュット ロゼ　Gruet Brut Rosé
	生産者：グルエ　Gruet
	生産地：フランス、シャンパーニュ地方

いちごの香り、そしてさくらんぼの香りもかすかに。
いちごのデザートにはぴったりですよ。素晴らしいロゼです。

デザート
飲み物

ポム・オー・フール
Pomme au four

{ 調理時間　40分 }
{ 難易度　★☆☆ }

冬にはたまらない！
熱々でジューシーな
焼きりんご。

冬になると僕のほっぺみたいに
真っ赤においしくなるりんご。
ポムはりんご、オー・フールは
オーブン焼きにしたという意味です。
三國風のポイントは詰め物の
甘納豆としょうが！
ミックスナッツやドライフルーツも
入ったリッチな味わいです。
くりぬいたりんごにギュッギュッと
詰めるのは、お子様とやると
楽しいですよ。30分も焼けば、
りんごはとろとろ。皮も柔らかく、
シナモンやバニラの香りもおいしさを
引き立てています。
贅沢なデザートです。

●材料（3人分）

りんご	3個
白ワイン	½カップ

詰め物

バター（食塩不使用）	30g
はちみつ	30g
レモン汁	小さじ2
小豆の甘納豆（なければ茹で小豆）	大さじ3
しょうが（すりおろす）	10g
ミックスナッツ＆ドライフルーツ	50g
シナモンパウダー	少々
シナモンスティック	3本
バニラビーンズ（3等分）	1本

＊りんごは酸味のある紅玉がおすすめ。
＊ミックスナッツにはアーモンド、カシューナッツ、ドライフルーツにはレーズン、クランベリー、パイナップルが入ったものを使用。
＊バニラビーンズがなければ、バニラエッセンスやオイルでも。
＊白ワインは、子供ならりんごジュースか水で代用も。

●つくり方

[準備] バターは室温でポマード状に柔らかくしておく。オーブンを180℃に温めておく。

1. りんごにペティナイフを刺して、りんごをゆっくり回し、芯と身をくりぬく。天地の真ん中をナイフで1周して皮に切り目を入れる。耐熱容器に並べる。
   ◎皮に切り目を入れておくと、焼いた時に破裂するのを防げます。

2. くり抜いた身を皮つきのままさいの目に切る。ボウルで**詰め物**の材料と混ぜ合わせる。りんごの穴に詰める。シナモンスティックとバニラビーンズを刺して、アルミホイルでくるむ。
   ◎皮に一番栄養と色素があるので、くりぬいた身はぜひ皮つきで。
   ◎詰め物はぎゅっと手で押し込んで密着させてください。

1.

芯や種はスプーンでかき出すときれいに取れます。底に穴が空くと汁がもれるので、深く入れすぎないようにしましょう。

◎スティックはりんごの枝に見立てたもの。むき出しだと焦げるのでアルミホイルをかぶせます。

3. 耐熱容器に白ワインを注ぎ、オーブンで約30分焼く。

汁をたっぷりかけて
ボナペティ〜！！！

◎料理人が使うことの多い縦型ピーラーは、皮むきだけでなく芯をくりぬけるので便利です。

●この料理にはコレ！

[シードル] **増毛シードル 甘口 0077　Cidre de Mashiqué Doux 0077**
生産者：増毛フルーツワイナリー
生産地：北海道

りんごのデザートにはりんごのお酒を。私の故郷、増毛産シードルです。
アルコール度がほどよく、上品でさわやか。色も美しいです。

クレームブリュレ

Crème brûlée au thym et citron

{ 調理時間　40分 } ※冷蔵庫で冷やす時間は除く
{ 難易度　★★☆ }

2層のカラメリゼで上はパリパリ！中はとろっとろ！

ブリュレは「焦がした」という意味。カスタードのような濃いクリームの表面に砂糖をふってパリパリに焦がし、とろとろクリームとの対比を楽しみます。最初にグラニュー糖を、2回目にカソナードをふって2回カラメリゼすると、パリパリの層が厚くなっておいしさ倍増！一般にはバニラ風味が多いですが、このレシピは料理人の発想でタイムとレモンで香りづけします。超おしゃれなクレームブリュレです。

◉材料（直径8cmのココット4個分）

A	牛乳	⋯⋯ ½カップ
	生クリーム	⋯⋯ ½カップ
	タイム	⋯⋯ 適量
	レモンの皮（オレンジ、ゆずでも）	⋯⋯ ½個分
B	卵黄	⋯⋯ 2個分
	はちみつ	⋯⋯ 30g
グラニュー糖		⋯⋯ 少々
カソナード（なければグラニュー糖）		⋯⋯ 30g

＊カソナードは、サトウキビ100％でできたフランス産のブラウンシュガー。きび砂糖と同じ含蜜糖の1つ。はちみつやバニラのような甘い香りとコクが特徴。

◉つくり方

[準備] オーブンに水を張った天板を入れて、140℃に温めておく。

1. 鍋でAを火にかける。沸騰したら火を止め、ふたをして約5分煎じる。こす。◎牛乳と生クリームに香りづけをします。

2. ボウルでBを混ぜ合わせる。混ぜながら1.を少しずつ加える。ココットに移し、オーブンで湯煎にして20分焼く。粗熱を取り、冷蔵庫で1〜2時間冷やし固める。◎容器に移した時、表面に泡があればティッシュをあててサッと取ってください。少しくらいの泡は大丈夫です。

3. 表面にグラニュー糖をまんべんなくふり、バーナーで焼く。その上にカソナードをまんべんなくふり、バーナーで焼く。◎砂糖をカリッカリにカラメリゼします。焦げる寸前です。グラニュー糖は焼き色がつきやすく、パリッとなります。カソナードで2層にすることでさらにパリパリにする裏技です。砂糖の量を増やせばもっとパリパリになります。

◎バーナーがない場合は、砂糖を多めにふってオーブントースターやグリルで焦げ目をつけてください。長く焦がしすぎるとせっかくのなめらかな生地も再び焼けてしまうので、それだけご注意を！

ボナペティ〜！

◎2.でココットに移す前にもう一度こすとより丁寧ですが、ご家庭ではそのままで大丈夫です。

◉この料理にはコレ！

デザートワイン　シャトー・カントグリル　Château Cantegril
生産者：シャトー・カントグリル　Château Cantegril
生産地：フランス、ボルドー地方

リッチなソーテルヌです。きりっとして、はちみつとレモンがかすかに香ります。甘口ワインは意外にもデザートの甘さを軽くしてくれます。

デザート
飲み物

155

いちごとショコラの グラスデザート

Verrine fraise chocolat

{ 調理時間　10分 }
{ 難易度　★☆☆ }

フルーツを
みりんでマリネ！
香り豊かな長期熟成
みりんをお試しあれ。

フランス語でクリスマスはノエル。
お子様方と簡単につくれる、
フルーツとカステラとアイスクリームの
入ったノエル・デセール（デザート）です。
フルーツは長期熟成のみりんで
さっとマリネし、カステラにも少しだけ
吸わせます。このみりんは
熟成によってチョコレートや
バニラの香りが生まれて美味。
ピスタチオのカリッとした歯ごたえも
加わって最高です！
盛りつけはカップやグラスを使うと、
ノエルらしい雰囲気を演出できますよ。

🟤材料（2人前）

カステラ（約2cmの角切り）‥‥‥‥‥¼本
いちご（2等分）‥‥‥‥‥‥‥‥‥‥8個
みりん‥‥‥‥‥‥‥‥‥‥‥‥‥¼カップ
ピスタチオ‥‥‥‥‥‥‥‥‥‥‥‥適量
チョコレートアイスクリーム（お好みの味で）
‥‥‥‥‥‥‥‥‥‥‥‥‥‥‥‥適量

＊いちごは細かく切るとみずみずしさが減るの
　で2等分程度に。洋ナシや柿も合う。

＊みりんは10年熟成した白扇酒造の「福来純
　長期熟成本みりん（古々美醂）」がおすすめ。

＊レストランではフレッシュのピスタチオを使
　うが、ご家庭では市販のおつまみ用（味つき）
　でOK。

🟤デザート
飲み物

🟤つくり方

1. いちごをみりんで2〜3分マリネする。
　◎アルコールが苦手な方やお子様用に
　は、マリネする前にみりんを鍋で沸騰
　させアルコールを飛ばしてください。
2. カステラに1.のみりん少量を染み込ま
　せる。

3. グラスにアイスクリーム、カステラ、い
　ちごの順で盛りつけ、残ったみりんを
　かけてピスタチオをちらす。
　◎スプーンをぬるま湯につけるとアイ
　スクリームをきれいにすくえます。

Joyeux Noël !!!

みりんが調味料になる前

現代ではみりんは調味料ですが、江戸時代ではお酒としても広く飲まれて
いたんですよ。女性にはとくに人気だったよう。正月のお屠蘇の原料がみ
りんであることを考えると、納得の話ですね。日本酒の技術が進んでその
消費が増えると、みりんは調味料として発展していくことになるんです。
そんなわけで、デザートの洋酒代わりにみりんを使うことは、なんら不思
議なことではないんです。甘味も風味も豊富ですからね。このグラスデザ
ートで使っている「長期熟成本みりん」は、実際、ストレートやロックで
飲めるみりんして販売しているもの。テイスティングすると、バニラやチョ
コレート、プラムの風味がするんですよ。だから、フランス人のソムリエ
がブラインドで飲むとポートワインだと勘違いするらしい。友人のソムリ
エ、田崎真也さんは見事「本みりん」と当てました。さすがです。

🟤この料理にはコレ！

デザートワイン	セルベール・ルージュ・ドゥー　CRBR Rouge Doux

生産者：オワゾー・ルベル　Oiseau Rebelle
生産地：フランス、ルーション地方

バニュルスという甘口ワインです。チョコレートやプルーンが香り、
長期熟成のみりんと同じ味がするんですよ。品種はグルナッシュです。

サングリア

Sangria

{ 調理時間　15分 }
{ 難易度　★☆☆ }　※フルーツをマリネする時間は除く

家でもできるサングリア！
お好きなフルーツをたっぷり入れて。

夏、スペインに行くと冷え冷えの
サングリアをよくいただいたものです。
酒好きにはたまりません。
本来はフルーツを赤ワインに
漬け込みますが、日本では
酒類製造免許が必要です。
家庭でつくるには、酒税法によって
20度以上のアルコールを
使わないといけない。
そこで、前日にブランデーで漬け、
食べる直前に赤ワインと炭酸で
割る方法を考えました。
それが三國流サングリア。
炭酸にコーラを使って赤ワインと
組み合わせるのも想像以上の
おいしさですよ。

🍷 材料（4〜6人前）

季節のフルーツ	適量
A ブランデー	ひたひたの量
シナモンスティック	1本
クローブ	2個
てんさい糖	30g
赤ワイン	人数分
お好きな炭酸飲料	人数分

＊フルーツはオレンジ（デコポン）2個、レモン1
　個、りんご（王林）1個、いちご15個を使用。ぶ
　どうを入れる場合も免許が必要。

＊炭酸飲料はコーラを使用。炭酸水、サイダー、
　レモンソーダでも。

🍷 つくり方

1. りんごは芯を取り除き、いちょう切りに
   する（皮はお好みで）。オレンジとレモン
   は皮をむいて果肉を取り出す。
   ◎りんごは色が変わりやすいのでレモ
   ンの汁をすぐかけてください。レモン
   やオレンジはペティナイフが切りやす
   いです。

2. バットでフルーツとAを混ぜ合わせる。
   ラップをフルーツに密着するようにか
   けて、1晩冷蔵庫でマリネする。
   ◎ラップを密着させることで、フルー
   ツの表面にも汁が染みてまんべんなく
   漬かります。

3. ボウルに移し、冷やしておいたワイン
   と炭酸飲料を加え混ぜ合わせる。
   ◎赤ワインと炭酸飲料の割合はお好み
   で。ボウルの底に氷を当ててキンキン
   に冷やせば、よりおいしいです。

ボナペティ〜！

1. ヘタ、お尻を切り落としたら、側面に沿って包丁を入れて皮を切り落とします。

1房ずつ身を切り取り、残った薄皮を手で握って果汁を絞ります。種は入れないように。

◎使わなかったオレンジとレモンの
　皮は、白いワタは苦いので取り除
　き、表面の色がある部分のみを薄く
　削ってせん切りにし、ブランシール
　（茹でる）してから砂糖をまぶして乾
　かせば、コーヒーや紅茶のおつまみ
　になります。

素材別索引

三國清三

1954年北海道・増毛町生まれ。15歳で料理人を志し、札幌グランドホテル、帝国ホテルにて修業後、74年、駐スイス日本大使館料理長に就任。ジラルデ、トロワグロ、アラン・シャペルなど三ツ星レストランで修業を重ね、82年に帰国。85年、東京・四ツ谷にオテル・ドゥ・ミクニ開店。99年、ルレ・エ・シャトー協会の世界5大陸トップシェフの1人に選出される。13年、フランスの食文化への功績が認められ、フランソワ・ラブレー大学(現・トゥール大学)にて名誉博士号を授与される。15年、フランス共和国レジオン・ドヌール勲章シュバリエを受勲。2020年4月YouTubeチャンネルを開設。簡単な家庭料理を中心にレシピ動画を毎日配信。つくりながら言うオヤジギャグやおいしそうに食べる姿などにもファンが多い。

スーパーの食材でフランス家庭料理をつくる
三國シェフのベスト・レシピ136 永久保存版

2021年12月22日　初版発行
2024年9月5日　10版発行

著者／三國清三
発行者／山下直久
発行／株式会社KADOKAWA
〒102-8177　東京都千代田区富士見2-13-3
電話0570-002-301(ナビダイヤル)
印刷所／TOPPANクロレ株式会社

●お問い合わせ
https://www.kadokawa.co.jp/ (「お問い合わせ」へお進みください)
※内容によっては、お答えできない場合があります。
※サポートは日本国内のみとさせていただきます。
※Japanese text only

定価はカバーに表示してあります。
©Mikuni Kiyomi 2021 Printed in Japan
ISBN 978-4-04-605498-2 C0077